于秉君 著

干出成绩

如何轻松拿结果

机械工业出版社
CHINA MACHINE PRESS

"为什么明明很努力，却还是没有得到想要的结果？"答案是方向、方法不对。本书旨在打破陈旧的观念，找到干出成绩的方法。在每个转型阶段，新的岗位都会对个人的能力提出新的挑战。这些挑战贯穿我们的职业生涯，需要我们不断正确地努力，才能干出成绩，拿到结果。而引导作者这10余年来干出成绩的就是认知力、战略力、学习力和影响力这"四力"。不论你是企业经营者、创业者、管理者，还是销售人员、律师、服务员、咨询师等，只要你修炼好这"四力"，就能干出成绩，拿到结果。

图书在版编目（CIP）数据

干出成绩：如何轻松拿结果 / 于秉君著 . —北京：机械工业出版社，2023.12（2024.4 重印）
ISBN 978-7-111-74458-0

Ⅰ.①干…　Ⅱ.①于…　Ⅲ.①工作方法　Ⅳ.① B026

中国国家版本馆 CIP 数据核字（2023）第 243392 号

机械工业出版社（北京市百万庄大街 22 号　邮政编码 100037）
策划编辑：胡嘉兴　　　　　　　　　责任编辑：胡嘉兴
责任校对：郑　雪　丁梦卓　闫　焱　责任印制：郜　敏
三河市国英印务有限公司印刷
2024 年 4 月第 1 版第 2 次印刷
169mm×239mm · 13.25 印张 · 1 插页 · 137 千字
标准书号：ISBN 978-7-111-74458-0
定价：65.00 元

电话服务　　　　　　　　　　　　网络服务
客服电话：010-88361066　　　　　机 工 官 网：www.cmpbook.com
　　　　　010-88379833　　　　　机 工 官 博：weibo.com/cmp1952
　　　　　010-68326294　　　　　金 书 网：www.golden-book.com
封底无防伪标均为盗版　　　　　机工教育服务网：www.cmpedu.com

推荐序

2023 年 10 月，于秉君邀请我为她的新书《干出成绩：如何轻松拿结果》作序，我欣然应允。作为一名长期研究中国企业经营管理的学者和实践者，我非常高兴地看到，越来越多的中国企业家认识到"管理就是实践""管理就是干出成绩，拿到结果"。

我很早就开始进行经营实践。在读研期间，我利用课余时间写作、培训，积累了一些经营实践经验。1995 年，我留校任教，成为中国人民大学劳动人事学院的一名年轻教师。再后来，我创办了华夏基石企业管理咨询有限公司，秉承"为客户创造价值，与客户共同成长"的理念，为众多中国企业的成长和发展提供咨询服务，帮助企业创造高绩效。

我时常讲干事业"情怀是天，江湖是地"，情怀太高远不务实、不接地气，理想飘在空中落不了地。"地"是错综复杂的生态，要适应环境、切合实际，不能随心所欲、为所欲为。接地气就是我们既要有理想但又不能理想化，既要有高远目标追求又要有阶段性、务实的目标。接地气就是在商言商，商场如战场，只有凭真功夫才能打胜仗，凭独特的产品与服务打动客户。实干当头，要求我们紧紧围绕产品展开，只有服务于自己的专业和灵魂，坚持实干苦干，直到干出成绩，拿到结果，才能快乐地完成绩效，与企业共同成长。所以，当我受邀为《干出成绩：如何轻松拿结果》作序时，我便欣然同意。

如何干出成绩，拿到结果？市面上的书籍内容大多较为宏观，适合普通人阅读的"读了能懂，懂了会用，用了有效"的书籍少之又少。于秉君的《干出成绩：如何轻松拿结果》是一本"干出成绩的人写给想干出成绩的人的书"。她对自己干出成绩的方法和经验进行沉淀，以大道至简的方式呈现在书中。她告诉读者：正确地努力＝做正确的事＋正确地做事。"做正确的事"，能够确保做事的方向是对的；"正确地做事"，能够确保做事的方法是对的。

一个人应该如何做正确的事，又应该如何正确地做事，才能干出成绩，拿到结果？带着对这个问题的好奇心，我先睹为快。全书读下来，我有几点深刻的感受。

精。"干出成绩"是一个宏观的主题，但于秉君并没有试图面面俱到地侃侃而谈，而是聚焦关键问题，总结出干成事快、准、狠的底层逻辑和方法，揭示了干出成绩、拿到结果的诀窍——"四力模型"。全书脉络清晰，读者能够比较精准地掌握"干出成绩"的核心方法。

实。本书最为突出的特点是务实和实用。这本书没有空洞的说教，而是通过一个个实际案例引出方法论。为了确保读者学有所用，作者在每一节的最后设置了"小试牛刀"环节，读者可以根据书中的内容，结合自身实际情况进行模仿、对照，继而实现优化和迭代。

值。本书的"四力模型"，不论是对企业经营者、管理者，还是对普通人，都能起到立竿见影的作用，帮助读者在各自的领域内成为干出成绩的那个人。哪怕读者只是实践了"四力模型"中的其中一种，也会获得巨大的价值。

正如任正非所说："在战争中学会战争，在游泳中学会游泳。"我们可以向干出成绩的人学习，进而干出成绩。我认为，这是一本能够帮助读者干出成绩的书，里面有生动的案例、科学的方法和实用的工具，为读者提供了进一步改善和提升实践效果的路径。

结束以上赘述，我向各位读者诚挚推荐这本书。开卷有益，相信读者一定会读有所获、读有所得、读有所行，以最小的付出，获得最大的回报。

《华为基本法》起草小组组长

中国人民大学教授、博士生导师

华夏基石企业管理咨询有限公司董事

彭剑锋

前　言

如何正确地努力，拿到结果

有一句特别的话要说在前面：当你看到这本书时，请不要先质疑，也不要认为我在说教，我只是以一个同行者的身份与你探讨如何正确地努力，拿到结果，干出成绩，打赢人生的持久战。

方向不对，努力白费

意大利经济学家维尔弗雷多·帕累托提出了著名的"二八法则"，又称"关键少数法则"。"二八法则"认为：在一件事情或一组东西中，最重要的事物只占20%，其余80%的事物是次要的。"二八法则"如今被应用在各个领域，比如，企业里20%的产品或服务创造了80%的利润，市场上20%的品牌占据了80%的市场。

把"二八法则"应用到我们的工作中，会得到一个很多人不愿意看到的结论：**20%的努力产生了80%的结果。**"二八法则"揭示了一个精准努力的方向和价值规律：**抓住驱动事物的20%的关键因素可以带来80%的收益；20%的正确努力决定一个人的人生。**

"二八法则"并不是一个新奇的概念，知道它的人很多，但真正能将其运用到工作和生活中的人却很少。越是简单的东西，往往越没有人相信，越难做好；越是复杂的东西，反而越让人趋之若鹜。

我们要想在事业上有所成就，干出成绩，努力只是"敲门砖"。很多时候，我们的努力都是在低水平重复。

- 学生时代，我们起早贪黑地学习，清晨天还没亮就起床背单词，深夜打着手电筒"刷题"，然而考试时依然拿不到高分。

- 进入职场，我们透支时间、透支精力，白天兢兢业业地工作，从不迟到早退，然而升职加薪总是与我们无缘。

- 好不容易晋升为管理者，我们对上有令必行，对下包容开放，努力在夹缝中"开花"，然而上级认为我们"不作为"，下级埋怨我们"乱作为"。

- 自己创业后几乎 24 小时扑在工作上，联系客户、搭建组织、激励团队、培训员工，忙得焦头烂额，然而企业连基本的生存都成问题。

为什么我们明明很努力了，还是没有结果，或者结果不明显？难道努力没有用吗？

不是努力没有用，是你的努力没有用。很多人为了干出成绩，拿到结果，盲目信奉"1 万小时天才理论"（即想要成为某个领域的专家，需要经过 1 万小时的专业训练）。这一理论是正确的，但我们忽略了一点：**努力不是时间的叠加。**低水平重复一件事情，哪怕我们花费 1 万小时、10 万小时，也不可能成为顶尖高手。在流水线上工作了 10 年的操作工，比在流水线上工作了 1 年的操作工强在哪里？无非就是动作更熟练一点。

《刻意练习》一书中提到过一种现象：以完全相同的方式，重复地做某件事情，会让一个人停下前进的脚步，并且缓慢地退步。这种现象正好诠释了"低水平重复"的陷阱。**努力只是一种表象，朝着错误的方向埋头苦干，不过是在以最蠢的方式浪费时间罢了。**稻盛和夫说："如果凡事都以目前的能力做低水平重复，那么无论过多久，你都不会完成任何新的、困难的事物。"

努力的方向对了，叫作坚持；努力的方向错了还不悔改，叫作固执。**方向不对，努力白费；方向错了，停下来就是进步**。比如，汽车驾驶员开车去一个陌生的地方，需要依靠导航仪规划路线才能行驶到目的地。导航仪能确定正确的方向，规划出一条相对畅通或路程较短、用时较少的道路。如果导航仪出现了问题，造成方向错误，那么驾驶员是到不了想去的地方的。

一步错步步错。如果我们发现自己努力了很久，依然毫无进步或者进步不明显，拿不到结果，就要停下来，遵循"二八法则"去正确地努力。

正确地努力 = 做正确的事 + 正确地做事

什么是"正确地努力"？

管理大师彼得·德鲁克指出："效率是'以正确的方式做事'，而效能则是'做正确的事'。"兼具效率和效能，我们才能做好一件事，拿到结果。基于此，我们可以提炼出"正确地努力"（拿结果）的公式：

正确地努力 = 做正确的事 + 正确地做事

"做正确的事"与"正确地做事"有本质的区别。我们必须先"做正确的事"，在此基础上再去"正确地做事"。

"做正确的事"是确保做事的方向是对的；"正确地做事"是确保做事的方法是对的。如果努力的方法不对，结果可能是我们多走一些弯路，比别人晚一步到达终点；如果努力的方向不对，结果会是我们走错了方向，永远都到不了终点。只有努力的方向对，努力的方法也对，我们才能事半功倍，干出成绩，拿到结果。

例如，在企业里，我们按照上司的要求完成了某项工作任务，我们的办事流程、操作行为都达到了标准，我们是在正确地做事。如果我们在完成某项工作任务时，向上司详细地了解想要达到的目的、结果或方向，再按时、按质、按量地完成工作任务，那么我们既在做正确的事，也在正确地做事，这就是"正确地努力"。

正确地做事，更要做正确的事，这是干出成绩，拿到结果的前提，也是"正确地努力"的方法。那么，我们要如何做正确的事，又要如何正确地做事呢？

做正确的事：看透事，选对事

"做正确的事"由一个人的认知力和战略力决定。

认知力和战略力决定了我们的大方向。只要我们的大致方向是正确的，即使在执行中存在些许偏差，结果也不会差；但如果我们的方向是完全错误的，即使完美执行，结果也不会好。

1. 认知力：看透事

认知不同，行为不同，结果不同。认知是我们对世界的看法，是我们判断事物的底层逻辑。认知力就是我们透过现象看透事物本质的能力。对事物认识的清晰程度和看透事物本质的深浅程度，决定了一个人认知力的高低。

我们的思维、看事物的角度来自我们当下的认知。**人很难获得认知**

以外的结果。一群人为了赚钱每天累死累活地淘金，却一块金子也没淘到，而有的人在淘金场旁边开了饭店、旅馆，赚得盆满钵满。淘金的人不是没有能力开饭店、开旅馆，而是他们自始至终根本没有想到可以通过开饭店、开旅馆赚钱。这就是认知力高低的区别。

认知力高的人，能够看透事物的本质，做出对的选择。**认知力决定了我们能否做正确的事，这比正确地做事重要 100 倍。**认知力是一个人做正确的事的底层逻辑。认知突破是一个人站稳脚跟的核心，也是人生反击的绝佳方式。**一个人从干出成绩、拿到结果到超越自我的真正转折点，就是从提升认知力并进入良性循环的那一刻开始的。**

如何提升认知力？

关于这个问题，很多人会告诉我们"多读书、多交友、多看世界"，刘润老师在他的书籍和文章里也这样告诉过读者。不可否认，这些方法是对的，但不实用。为什么对而不实用？如果你是一个认知力高的人，便不需要任何人告诉你要"多读书、多交友、多看世界"，这些是你的习惯和基本功；如果你是一个认知力低的人，即使我对你说一千次、一万次"多读书、多交友、多看世界"也无用，因为你从小到大听得最多的话就是"多读书"，多听无感。

提升认知力是一件很困难的事，因为我们看事物的角度、思维方式等是需要长时间形成的，不是一朝一夕就可以改变的。为了让所有人能够从小事着手，修炼自己看透事物本质的能力，我结合自己创业、经营企业的经历和实践，总结出人人都能学会的认知力修炼术，我把它称为认知力修炼"三功"，分别是"内功"明本质、"气功"促思考、"轻功"破思维。认知力修炼"三功"的具体方法详见第 1 章中的内容。

2. 战略力：选对事

"战略"关乎选择，选择做什么与不做什么；"战术"关乎努力。**战略上勤快，战术上懒惰，是"眼高手低"；战术上勤快，战略上懒惰，是"手高眼低"。**不要用战术上的勤奋，掩盖战略上的懒惰。

战略力是一个人做出对的选择的能力。**一个人一生的成就来自自己所有选择的总和，**我们的今天来自过去的选择，我们的未来来自当下的选择。只有选择正确才会产生正确的结果。**人生最大的成本就是选择成本。**

选对事，才能做对事、干成事。对于每个人来说，小到选择每天吃什么、穿什么，大到选择伴侣、为孩子选择学校、做职业规划、明确发展方向、确定企业的经营决策等，都需要战略力。

做选择时，我们要像智者一样不断思考、探讨、总结、反思；做完选择后，我们要像"机器"一样去执行。

如何修炼战略力？

我总结出人人都能懂、人人都能上手练习的修炼战略力的方法，称为战略力修炼"三绝"。"三绝"是指我们修炼战略力的三大绝招，即找定位、做取舍、建标准。战略力修炼"三绝"的具体方法详见第 2 章中的内容。

总结一下，"做正确的事"离不开认知力和战略力，这决定了我们是否能看透事、选对事。说白了，6 个字可以代表一切：看清楚，想明白。选择前要进行理性的判断，选择后要进行感性的执行。这就是我们做正确的事的修炼之路。

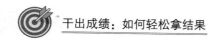

正确地做事：能干事，干成事

通过看透事物的本质（认知力）和做出对的选择（战略力），我们找到了方向。接下来，我们要解决如何"正确地做事"这是干出成绩的不二法门。

"正确地做事"由一个人的学习力和影响力决定，它们决定了我们能否干成事。

1.学习力：能干事

人与人之间、企业与企业之间最大的区别就是学习力的区别：学习力越强，就越会"借智慧、借工具、借方法、借时间"。现代职场的竞争、市场的竞争，从本质上来说就是学习力的竞争。**学习力决定了一个人、一家企业的生存力、竞争力和发展力。**领英创始人雷德·霍夫曼说："在招聘人才时，我们会寻找那些拥有'无限学习曲线'的人——不断学习并能快速学习的人。"

一个人只有具备学习力，才能补短板、扬优势，掌握生存必备的各项技能，不被时代淘汰；一家企业只有具备学习力，才能提产能、扩业务，持续在竞争中获胜。

学习不等于学习力。学习力是我们把知识资源转化为知识资本的能力。学习的本质是为了改变现状，拿到结果。学习从来都不是目的，而是一种改变现状、解决问题、拿到结果的方法。有句话说得好："**在战争中学会战争，在游泳中学会游泳。**"对于这句话，我通俗地理解为：**要做什么，我们就学什么。**

如何修炼学习力？

学习力不等于天赋，它是一种能力，是可以提升的，就像我们的沟通能力、写作能力一样。聚焦职场学习力修炼，我以大量真实的职场学习场景为例，给出了学习力修炼"三剑"，即绘制学习地图、向标杆学习、持续复盘，并且详细展示了实用职场技能的学习步骤，帮助大家修炼学习力，告别"一顿操作猛如虎，仔细一看原地杵"的学习困境。学习力修炼"三剑"的具体方法详见第 3 章中的内容。

2. 影响力：干成事

要想"正确地做事"，除了修炼学习力，还要修炼影响力，这是我们"干成事"的关键。

美国管理学家哈罗德·孔茨说："领导是一种影响力，或称为对人们施加影响的艺术过程，从而使人们心甘情愿地为实现群体或组织的目标而努力。"我所理解的"影响力"是**用一种别人乐于接受的方式，改变他人的思想和行动的能力**。直白地解释，影响力就是让别人听见我们说的话并听我们的话，或者思考我们提出的观点的能力。

未来，影响力就是一个人的核心资产。有了影响力，我们就是人群中的焦点，就能将人、信息、资源有机地联系起来，成就一番事业。在充满不确定性的时代，经营什么都不如经营影响力。人与人的交往，不是我们影响别人，就是我们被别人影响。拿破仑·希尔曾经说过："在别人的影响下生活着，就等于被别人的意志俘虏了，这样的人即使再优秀，也不会登上一把手的宝座。"

人人都需要修炼影响力。我是企业经营者，我要用愿景、使命和价值观影响员工和客户，为客户创造价值，为社会创造价值；律师需要用影响力赢得客户的青睐；运动员需要用影响力收获鼓舞；程序员需要用影响力获得晋升；演员需要用影响力获得票房；老师需要用影响力维持课堂纪律；父母需要用影响力教育孩子。

如何修炼影响力？

关于影响力的书籍和文章有很多，但很少有行之有效的方法论。比如，有些关于影响力的书籍会建议我们改变外貌、使用正确的肢体语言等。这些方法也对，但却治标不治本。原因是无论我们在外貌和行为举止上怎么下功夫，如果缺少一致性的表达，我们的影响力永远都不真实。基于此，我提炼出一个影响力公式，它适用于大多数人，其最大的好处就是能够立刻落地践行。

影响力 =（形象力 + 即兴演讲力 + 故事力）× 一致性

"影响力公式"的具体方法详见第 4 章中的内容。

总结一下，"正确地做事"由学习力和影响力决定。**无学习，不成人；无影响，不成事。**

到这里为止，正确努力的"四力"已经有了答案，它们是：

- **做正确的事 = 认知力 + 战略力**
- **正确地做事 = 学习力 + 影响力**

基于此，我构建了个人拿结果的"四力模型"，如图 0-1 所示。

我们可以通过"四力模型"构建自己的人生效率系统，正确地努力，干出成绩，轻松拿结果。

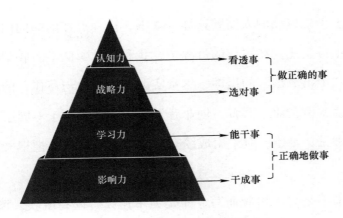

图 0-1　个人拿结果的"四力模型"

以最少的付出，获得最多的回报

立言不易。毛泽东在给同乡好友萧子升的信中写道："吾人立言，当以身心之修养、学问之研求为主，辅之政事时务，不贵文而贵质，彩必遗弃，惟取其神。易言之，每为一书，必有益处，言必载物。不然，与庸众人何异？"

我为什么要写这本书？

第一，**符合理想与价值观**。理想是写作此书的内驱力。现在我是企业经营者，未来我想成为师者，传道解惑。人的成功分为两种：小成功追求自我成功；大成功追求帮助更多的人成功。唯有帮助别人成功的人，才能成就大业。传递价值观是写作此书的目的与意义。我的核心价值观（也是我经营企业的核心价值观）是"诚信务实，共享利他"。此书的内容一定要务实、利他，不写毫无价值的方法，不写不可落地的方法，不传递不正确的价值导向。

第二，**人人需要**。在经营企业的过程中，我越来越感觉到有一群

XV

想在事业上干出成绩的人需要这样一本书，这一点在前面的内容里提到了，这里不再赘述。在写作的过程中，我和我的团队不断收集将来的潜在读者对"干出成绩"的反馈，尽量实践"读者参与写作"的思想。同时，我也会邀请企业经营者、创业者及普通员工等处于不同层面的人对此书提出意见，希望"对干出成绩有想法的人"来帮我把把关，防止我走偏。

这本书不是为了出版而写，而是为了让读者**读有所获、读有所得**。在写作的日日夜夜里，我一直秉承着"诚信务实，共享利他"的价值观，不求快，只求好。《干出成绩：如何轻松拿结果》的写作整整用了三年时间，其间共易三稿，有一稿甚至已经送到了出版社编辑的手里，但我仍觉不够好，后面又迭代、优化至现在读者看到的这一稿。

如果用一句话来总结这本书的卖点，我会这样写：**干出成绩的人写给想干出成绩的人的书**。一个在事业上干出成绩的人，分享自己十几年来在事业上干出成绩的体悟和方法。

这本书有什么差异化价值？

成年人最大的特点就是忙。忙，意味着我们可用的时间有限，意味着我们必须将"好钢用在刀刃上"，要找到正确努力最有效、最快的方法。这些年，我看了无数的书，每天都在阅读、学习，我发现一个很大的问题，很多人让我们多看书成长、提高认知，但问题是"看书成长""提高认知"太宽泛了。我们或许经常听到这样的对话：

你问事业有成的人："我要如何成人成事？"

他答："学习、成长。"

你问："如何学习？"

他答:"看书。"

同样的对话还有:

"我要如何提高认知?"

"看书、学习。"

……

"看书、学习"就像一些人嘴里的"多喝热水",可以治"百病"。问题的关键在于我们没有真正立刻可用的方法。这也是很多人会说"看了很多书,依然过不好这一生"的原因。

想要干出成绩,首先要向干出成绩的人学习。学什么?我们要学习其做事的逻辑、规律。《干出成绩:如何轻松拿结果》一书有我深入学习了多个知名企业家的成事方法,又结合我身边干出成绩的人,以及我的亲身经历和走过的弯路,总结出的干成事快、准、狠的底层逻辑和方法——"四力模型"。

不同于感化和劝说范畴的技巧,"四力模型"虽然看起来有些大而宽,但我却把它落在大家可以实操的小点上。大道至简,在构建"四力模型"时,我时时刻刻秉承着一个原则:**让读者以最少的付出,获得最多的回报**。

无论你是企业经营者、创业者、管理者,还是销售人员、律师、服务员、教师、医生、咨询师等,只要你修炼好这"四力",就能干出成绩,拿到结果。

想象一下:你花了一周的时间终于读完了这本书,并且已经将所学内容应用于你的日常生活和工作中,不妨用"干出成绩四问"来检验一下这本书是否能帮你干出成绩。

- 问题一：你能看透事物的本质，对事物的判断接近真相吗？
- 问题二：你做出的每个选择是否都正确？是否能够选择最优解？
- 问题三：你是否通过学习取得了长足的进步？是否能持续进步？
- 问题四：你是否能影响他人，让他人信任你？

最后，愿想干出成绩的人都能在自己的领域干出成绩，拿到结果。

于秉君

2023 年 6 月

目　录

第 1 章

认知力

看透事物的本质

导读

干出成绩要修炼的第一种能力是认知力。

1. 什么是认知力

"认知"是一个热门的概念，是企业经营者、创业者、自媒体人等群体口中的高频词。有意思的是，这些人都在说"认知"，但很少有人能够言简意赅地解释"什么是认知"，因为他们并未真正理解这些道理。

什么是认知？简单说，**认知是我们对世界的看法，是我们判断事物的底层逻辑。**对认知起到决定作用的是我们认知的过程，这是一个发现、寻找事物的内在逻辑，了解事物本质的过程。

现象会发生变化，关键在于我们如何透过现象看本质。人的认知犹如一个巨大的天坑，呈漏斗态势排布。处于低认知层次的人看到的往往是表象，而处于高认知层次的人则更能接近事物的本质或真相，如图 1-1 所示。

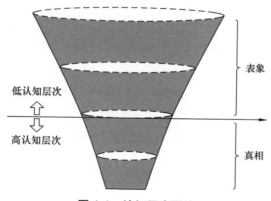

图 1-1　认知层次漏斗

由此可见，认知力就是我们透过现象看本质的能力。一个人**对事物认识的清晰程度和看透事物本质的深浅程度，决定了其认知力的高低。**

2. 为什么要修炼认知力

我一直在思考，如何才能让一家企业快速地成长？一个人如何才能从一群人当中脱颖而出，干出成绩，拿到结果？

春秋末年的思想家曾子在其散文《大学》中写道："物有本末，事有终始。知所先后，则近道矣。"意思是说世界上很多事物都有开端和结尾，我们在对待、处理事物时，应该知道孰先孰后，孰本孰末，区别对待，这样便接近了成功之道。实际上，圣贤们早就告诉了我们答案——**看透事物的本质，就是干出成绩的底层逻辑。**

2010 年 1 月，中国第一家团购网站上线。此后不久，国内团购网站数量超过 5000 家，名噪一时的"千团大战"就此拉开序幕。在这场"千团大战"中，美团一开始并不出色，不是融资最多的，也不是名声最响的。但美团是如何一路杀出重围的呢？答案在于美团创始人王兴强大的认知力。毫不夸张地说，正是因为王兴对团购业务的认知足够深刻，才使美团脱颖而出，成为最后的赢家。

"千团大战"开始后，各大团购网站一致认为获胜的关键是通过融资获得大量资本，再将资本用于投放广告和设置补贴，以此吸引用户，提升市场占有率，然后拿着亮眼的数据再去融资。因此，团购网站行业爆发了大规模广告"大战"，比如，糯米网投放了 2 亿元广告，大众点评投放了 3 亿～4 亿元广告，团宝网投放了 5.5 亿元广告。这些团购网站通过融资和向商家收取佣金获利，其认知逻辑是商家第一，用户第二。

面对竞争对手近乎疯狂的广告攻势，王兴并没有盲目跟风去投大量广告。在他的认知里，融资很重要，但怎么用融来的钱比融资更重要。王兴认为团购的本质是集合更多的用户拿到更低的商品价格。团购一端要服务好商家，让商家有利可图；另一端要服务好用户，让用户有便宜可占。美团在其中的角色定位是用户的聚集地，或者说是用户的代表。

看清团购的本质后，王兴建立了新的认知——用户第一，商家第二。围绕这一认知，他带领美团围绕用户体验做文章，通过优化内部流程、构建优质团队、培养核心能力等手段，真正为用户创造价值。比如，在整个"千团大战"中，美团是第一个提出团购过期自动退款的企业。很多人团购后忘了消费，资金放在账户里变成了沉淀资金，其他团购网站的做法是过期不退，将这部分资金划为自己的利润，但美团选择了到期不消费则自动退款，放弃了这部分短期利润，维护了用户的利益。

到了 2011 年 7 月，团购繁荣渐去，资本的寒冬降临，很多干得轰轰烈烈的团购网站相继偃旗息鼓，无法再获得融资。美团因为其理性发展，账上的资金反而是最充足的。到了同年 11 月，王兴和他的美团在这次"千团大战"中取得了阶段性的胜利。

看透本质，就看透了成事的底层逻辑。很多人遭遇困境，并非因为他们不够努力或缺乏资源，而是与事物的本质背道而驰，因此不管怎么努力，都注定拿不到结果。

诗句"白发如新，倾盖如故"本意是指有的人相处到老还是陌生的，有的人停车交谈便一见如故。此诗句同样可以用来形容人对自身生活和工作的把握。有的人浑浑噩噩几十年，像一只无头苍蝇一样四处乱撞，一直未能干出成绩，因为他们从未看透生活和工作的本质，每年都在重复往年的经历，即使头发已经白了，仍无法得到成长；而有的人总是过得好、干得出色，因为他们能够一眼看透本质，将时间和精力投入到有价值的事情上，很快便能脱颖而出。

如果我们能够看透事物本质，就能知道核心和主要矛盾是什么，了解拿到结果、干出成绩需要从何处着手，以及努力的方向。这样做事，既能游刃有余，又能事半功倍。

认知力是一个人干出成绩的底层逻辑。**一个人从干出成绩、拿到结果到超越自我的真正转折点，是从提升认知力并进入良性循环的那一刻开始的。**

3. 哪些人需要修炼认知力

答案是：**人人都需要修炼认知力。**

企业经营者或管理者认知力的高低决定了企业能走多远。 在充满不确定性的时代，商业竞争最后拼的是企业经营者的认知力。在经营企业的过程中，是选择短期利益还是长期可持续发展战略，是做多元化产品还是聚焦战略大单品，是做高端市场还是中低端市场，每一个决策都反映了企业经营者的认知力。

一个人认知力的高低决定了其能否高效地拿到结果。认知力是一切能力的基础。高层次的认知带来事半功倍的结果；低层次的认知，很可能会带来事倍功半甚至与预期截然相反的结果。**认知力的高低决定了每个人的命运。**

关于"认知高低"，有一个非常著名的理论，那就是"邓宁 - 克鲁格效应（Dunning - Kruger Effect）"，也称"达克效应"。邓宁和克鲁格通过研究人们阅读、驾驶、下棋或者打网球等各种活动，发现人的认知有四种状态，也可以称之为四个层次：①不知道自己不知道——"愚昧山峰"的"巨婴"；②知道自己不知道——"绝望之谷"；③知道自己知道——"开悟之坡"；④不知道自己知道——"持续平稳高原"的"大师"。

认知水平处于"愚昧山峰"的"巨婴"，其自信程度和处于"持续平稳高原"的"大师"基本处于同一水平，他们常常会攻击、辱骂认知水平比自己高的人。我们生活中遇到的许多固执己见、自以为是的人，很可能属于这一类。

从最低级的认知层次"不知道自己不知道"到最高级的"不知道自己知道"，是一个人从"狂妄自大"成长到"虚怀若谷"的过程。"不知道自己不知道"的潜台词是自己无所不知，狂妄自大；"不知道自己知道"是一种极高的境界，因为这些所谓的"知道"都已经在自己的潜意识里，不需要特别关注，随时可用。这类似武侠小说中"无招胜有招"的境界。

人们的认知层次越低，见识的事物越少，能够获得的机会就越少，就会越容易感受到社会的不公和人生的无望，并对所有比自己优秀的人产生嫉妒的情绪。相反，认知层次越高，见识的事物越多，能够获得的机会就越多，人们就越能拥有平和的心态，专注于自身发展。要想改变自己的命运，我们需要不断提升自己的认知力，积极向上攀登，避免待在愚昧的高峰和绝望的低谷。

4. 如何修炼认知力

修炼认知力是一件很困难的事，因为我们看问题的角度、思维方式等都是经过长时间形成的，无法在短时间内改变。然而，越是困难的事情，越能促使我们成长。

为了使大家能够从小事入手，锻炼自己的认知力，我结合自己的经历和与企业中、高层管理者的讨论、验证，总结出一套简单易学的认知力提升方法，称之为认知力修炼"三功"，分别是"内功"明本质、"气功"促思考、"轻功"破思维。认知力修炼"三功"的具体方法如图 1-2 所示。

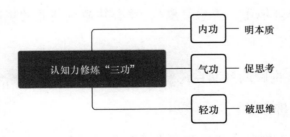

图 1-2　认知力修炼"三功"

当然，除了修炼"三功"，我们还需要"读万卷书，行万里路"，处理各种人际关系。正如电影《教父》中的一句经典台词所说："花半秒钟就看透事物本质的人和花一辈子都看不清事物本质的人，注定有截然不同的命运。"

1.1　明本质：找到目的背后的目的

"看透事物的本质"意味着我们需要透过现象深入探究事物的内在。然而，"本质"这一概念似乎从未被人们剥茧抽丝地解释过。修炼认知力的第一"功"是明本质。明白"本质"的含义，是我们看透事物本质的"内功"。如果我们不知道"本质"的真正含义，想要看透本质自然也是妄言。

让我们来看看三位老师是如何阐述"本质"的，并体会它们之间的差异。

- 王东岳认为："孔子之所以有'天下观'，本质上是因为中国很早就是大一统的国家了。"

- 杰克·韦尔奇（Jack Welch）在《商业的本质》一书中表示："在当今的新商业环境下，要想'赢'，就必须遵从商业的规则，回归商业的本质。"

- 商业咨询顾问刘润在《新零售》一书中写道："新零售的本质是效率更高的零售。"

显然，三位老师所描述的"本质"并不完全相同。王东岳说的"本质"回答的是"导致孔子具有'天下观'的根源是什么"这一问题。换句话说，这里的"本质"一词回答的是"这件事发生的根源是什么"，也就是"为什么"这一问题。杰克·韦尔奇说的"本质"回答的是"这个现象和问题背后的底层逻辑是什么"这一问题。刘润说的"本质"回答的是"什么是这个事物的根本属性"这一问题。

可见，同样是"本质"，含义却并不相同。总结起来，**本质包括三个方面：事物的根本属性、问题的根源和现象背后的底层逻辑。**"本质"主要是指事物根本层面的内涵，它可以是事物根本的属性、特质或目的等。我们日常所说的"本质"，是指事物的根本内涵，也就是**问题背后的问题、关系背后的关系、原因背后的原因和目的背后的目的。**

我在这里需要说明的是，本书所讨论的"看透本质"所指的"本质"，并非哲学家们讨论的抽象的形而上学概念。相反，我们所关注的"本质"是普通人在日常工作、生活中所面临的问题，通常是指事物的根本属性、问题背后的深层问题、关系背后的内在联系、原因背后的根本原因和目的背后的真实意图。了解这个"本质"是为了给我们的工作和生活提供指导。

在此基础上，可能很多人会好奇："究竟什么才是'事物的根本属性''问题的根源''现象背后的底层逻辑'？"为了进一步阐明这个问题，我将运用"三看"原则来帮助大家更好地理解"本质"的含义，见表1-1。

表1-1　"本质"的三看

三看	做法
一看：看透根本	下定义 做类比 打比方
二看：看透根源	5Why 提问法
三看：看透底层逻辑	先归纳后抽象法

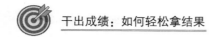

1.1.1 看透根本

刚创立企业时，我要思考企业的发展战略。为了寻求指导方法，我购买了很多关于战略的书籍，试图从中汲取智慧。然而，在阅读这些书时，我发现虽然我能顺着作者的思路理解作者的观点和方法，但在实际应用中却无法将那些方法用于为企业制定发展战略——我总是难以将方法与企业的实际情况相结合。为什么？后来我意识到，尽管我能看懂与战略有关的书籍，但我并没有真正理解战略的根本属性。我无法清楚地解释"战略"是什么，也无法区分战略和目标。这种对战略的模糊认识导致我无法制定有效的战略，使企业在发展前期走了很多弯路。

这就是看透本质，理解事物根本属性的原因所在。如果我们无法看透事物的根本属性，就无法明确这个事物到底"是什么"；而不知道"是什么"，自然也无法解决"为什么"和"怎么做"的问题。事物的根本属性就是回答"是什么"的问题。无论是理解事物、学习知识、解决问题还是掌握技能，我们都需要理解其根本属性。因此，事物的根本属性是我们要去看透的第一个"本质"，我将其简称为"看透根本"。

我们如何才能知道自己是否已经看透了事物的根本属性呢？如果我们遇到问题，能够做到以下三件事中的任何一件，就说明我们已经看透了事物的根本属性，如图 1-3 所示。

图 1-3 看透事物根本属性的三个表现

1. 下定义：明确事物的内涵

什么是"下定义"？"下定义"是一种明确事物的内涵的逻辑方法。当我们能够相对准确地定义一个事物时，就意味着我们已经基本掌握了该事物的内涵。因此，"下定义"代表我们能看透事物的根本属性。

稻盛和夫在《活法》一书中对人生的意义做出了明确的定义：提升心性，磨炼灵魂。这就是一个非常清晰的定义。能够做出这个定义，说明他对人生的意义进行了深刻思考，看透了"人生的意义"的本质。

创新工场创始人李开复在《人工智能》一书中给"人工智能"下了五个定义：人工智能就是让人觉得不可思议的计算机程序；人工智能就是与人类思考方式相似的计算机程序；人工智能就是与人类行为相似的计算机程序；人工智能就是会学习的计算机程序；人工智能就是根据对环境的感知，做出合理的行动，并获得最大收益的计算机程序。李开复对"人工智能"的五个定义是依照时间顺序给出的，体现了人们对人工智能的理解的变化。一般来说，不同的定义来自不同的角度，因此，多个定义有助于我们对事物本质有更全面的了解。

总之，当我们能用"下定义"的方法阐述事物的根本属性时，我们就具备了清晰界定不同事物的能力，拥有了看透事物本质的能力。

2. 做类比：事物 A= 事物 B

产品运营专家梁宁曾说："本质上，愤怒其实是一种恐惧。"这就是在做类比。"做类比"意味着我们可以通过"事物 A= 事物 B"的方式去

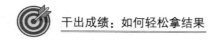

阐述"是什么"。在进行类比时，我们需要确保类比的事物 A 与事物 B 要准确、简单，否则会让人更无法看透根本。

当我们能用"准确的简单类比"说出事物的根本属性时，我们就拥有了准确概括的能力，还能在不同事物之间建立非常准确的本质上的联系。

认知力高的人，大多都是类比的高手。比如，物理大师理查德·费曼（Richard Feynman）就通过类比的方式解释了一个难懂的问题。对于"什么是光"，他这样进行类比："光被证明是一种波，就像泳池里的水波一样。只是水波是二维的，只在上下和左右方向运动，而光波是三维的，除了沿着 X 轴和 Y 轴做上下、左右运动，还会在三维坐标的 Z 轴上进行传播……"尽管我们可能并不理解光的本质，但费曼将光类比成水波，一下子就让我们对光的认知变得清晰起来。

再比如，为了写这本书，我专门学习了一门写作课程。课程中提到，写作要善于运用类比，将抽象事物与具体事物相类比，将不熟悉的事物与熟悉的事物相类比，这样写出的文章才具有画面感。以解释什么是"沉没成本"为例，我可以用名词解释的方式写：沉没成本就是那些已经发生且无法收回的支出，如已经付出的金钱、时间、精力等。人们往往因为沉没成本，在已经投入了大量资源的事情上继续坚持。如果运用类比的方式我可以这样描述：在某一天的下班高峰期，我打算叫滴滴出行，系统提示排队预计需要 20 分钟左右。然而，等了半个小时仍未成功叫车。我打算放弃打车改乘地铁，但转念一想，既然已经等了这么久，放弃又不甘心，便继续等待。结果又等了半个小时，仍然没叫到车……这便是"沉没成本"的体现。

显然，我用类比的方式来解释什么是"沉没成本"会更加生动、更有画面感，也更容易理解。

3. 打比方：事物 A 像事物 B

有一位经济学家，在别人问到他对经济发展快慢的看法时，他回答道："经济发展就像骑自行车，太快了会摔跤，太慢了会倒，所以要不快不慢。"这位经济学家把经济发展比作"骑自行车"，把经济发展太快容易导致的投资过热或通货膨胀等问题比作"摔跤"，把经济发展太慢容易导致的社会问题比作"倒"。这一比喻形象地揭示了经济发展快慢对社会的影响，说明他真的看透了经济发展快慢的本质。这就是打比方。

"打比方"是将事物 A 与事物 B 进行类比，利用不熟悉的事物与熟悉的事物之间的联系建立沟通桥梁。一个精妙的比喻胜过千言万语，因为它不仅阐释了事物的根本属性，而且生动形象，让人一看就懂。

作为企业经营者，多年来我一直在拜读雷军的著作，学习他经营企业的道与术。在学习的过程中，我一直不理解为什么小米要做生态链，也不理解毛巾、旅行箱这些产品为什么会出现在小米的生态链中。小米生态链负责人刘德曾用"烤红薯"的比喻来解释为什么小米生态链中会有毛巾、旅行箱等既不"高科技"也不"智能"的产品：小米发展到今天，已经有 3 亿用户，其中 2.5 亿是活跃用户，他们既需要小米手机、充电宝、手环等科技产品，也需要毛巾、床垫等高品质日用品。所以与其让这些流量白白流失，不如把这些流量转化为营业额。就像一个火热

的炉子，它的热气散就散了，不如借用余热来烤一些红薯。

听到这段话后，我豁然开朗，原来小米对一些非高科技产品的推广是在做"烤红薯"生意。瞧，这就是打比方的奇妙之处。为什么刘德能通过打比方来解释小米是如何做生态链的？因为他看透了既不"高科技"也不"智能"的产品与"烤红薯"生意之间在根本属性上的相似之处。

以上就是检验你看透根本的三个维度。当你能通过"下定义"说出事物的根本属性时，你已经看透了事物的本质；当你能通过"做类比"或"打比方"说出事物的根本属性时，那么恭喜你，你不但看透了事物的本质，还拥有了出色的表达力。

1.1.2 看透根源

优秀企业的业绩往往来自深刻洞察问题的根源。企业经营者张明与各部门管理者一起开经营分析会，没想到经营分析会变成了"扯皮会"。销售部门的管理者苦大仇深地说："业绩下滑是因为生产部门生产的产品有质量问题！"生产部门的管理者委屈地答道："这与我们无关，是采购部门采购回来的原材料质量有问题！"采购部门的管理者讪讪地说道："财务部门资金没给到位，长期合作的供货商不发货，我们只好临时找了一家供货商，谁知道他们这么不靠谱！"财务部门的管理者眼睛一瞪，说："都是因为销售部门没卖出去货，款收不回来，我能怎么办？"

为了解决问题，张明采取了一系列措施：让财务部门将资金拨给采购部门；采购部门拿到钱后找到长期合作的供货商，拿到了质量达标的原材料；生产部门用质量达标的原材料重新生产了质量达标的产品，一切看起来都在有条不紊地推进着。但到了销售部门这里，还是出现了问题：大量客户因为之前的劣质产品，对企业失去了信任，并且已经购买了竞品，短时间内不再考虑购买该企业的产品。企业积压了大量产品，现金流断裂，无法支付员工工资，大量人才离职。

此时的张明焦头烂额，为什么自己花费了大量的时间、人力、物力、财力，非但没有解决业绩下滑的问题，甚至连企业生存都成了问题？

答案是张明只看到了"表面问题"，没有找到"问题的根源"。只有找到问题的根源，张明才能真正有效地解决问题。什么是"问题的根源"？

"问题的根源"就是回答"为什么"。要想看透问题的根源，我们不仅要看透表层原因，还要看透深层原因；不仅要看透单一原因，还要看透复合性原因。张明之所以没有找到"问题的根源"，是因为他没有看透造成问题的深层原因和复合性原因。

那么，我们要如何真正看透问题的根源，准确回答"为什么"呢？我推荐大家使用一个非常有效的方法：**5Why 提问法**。

5Why 提问法通过不断提问"为什么"，对问题刨根问底，最终彻底解决问题。通常情况下，导致问题出现的原因并不简单，不是直接由 A 导致了 B，而是 A 导致了 B，B 引发了 C，C 催生了 D，D 又产生了 E……这是一个完整的因果关系链条。如果我们只能看到 B、C、D，却不能看到 E，那么就难以从根源解决问题。5Why 提问法犹如一只啄木鸟用尖喙一层

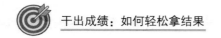

一层啄破树干，最终找到树干里的那只令树木生病的虫子。

5Why 提问法从字面来看是追问 5 个"为什么"。但我们在使用 5Why 提问法时并不局限于追问 5 个"为什么"，要以找到问题根源为最终目的。

那么，我们要如何运用 5Why 提问法呢？方法是从结果开始，沿着因果关系链条不断追溯，直至找到问题根源。

举例，丰田汽车的销售额与大众汽车的销售额差不多，但丰田汽车的利润几乎是大众汽车的两倍，为什么？因为丰田汽车善于找到问题的根源。在分析问题前，丰田汽车会先明确问题到底是什么，连续问 5 个"为什么"。比如，大野耐一在任丰田汽车公司副社长期间到生产线上视察，发现机器停转了，便与员工有了以下对话：

- 大野耐一问："为什么机器停了？"（第 1 个"为什么"）
- 员工回答："因为机器超负荷工作，把保险丝烧断了。"
- 大野耐一问："为什么机器超负荷了？"（第 2 个"为什么"）
- 员工回答："因为轴承部分的润滑不够。"
- 大野耐一问："为什么润滑不够？"（第 3 个"为什么"）
- 员工回答："因为润滑泵吸不上来油。"
- 大野耐一问："为什么吸不上来油呢？"（第 4 个"为什么"）
- 员工回答："因为润滑泵的轴磨损，松动了。"
- 大野耐一问："为什么磨损了呢？"（第 5 个"为什么"）
- 员工回答："因为没有安装过滤器，混进了铁屑。"

经过连续追问 5 个"为什么"，大野耐一找到了机器停转的根源——

润滑油里混进了杂质，并从根源上解决了问题——在润滑泵上安装过滤器。这就是 5Why 提问法的实际运用。

1.1.3　看透底层逻辑

底层逻辑是事物之间的共同点，是变化背后不变的规律。具体来说，底层逻辑主要有四大特点。

- **抽象：**越抽象就越接近底层逻辑。
- **简洁：**"大道至简"说的正是事物的底层逻辑。
- **动力来源：**底层逻辑是各种事物出现的动力来源。
- **通用性：**底层逻辑针对的不是某个特定问题，而是某一类问题或现象。

为什么看透底层逻辑如此重要？看透底层逻辑，能够让我们迅速看清一件事情发生的根本原因，能够让我们在处理问题时找到问题的关键点。**看透了底层逻辑，就等于拥有了举一反三、融会贯通的本领。**同样，因为底层逻辑是各种事物出现的动因，一旦理解了底层逻辑，我们对诸多事物的理解也会变得容易许多。

《优势成长》一书的作者帅健翔在书中说到自己的经历，作为英语名师、NLP（神经语言程序学）高级执行师、国际认证催眠师和商业策略顾问，很多人羡慕他有多重身份。但他们忽略了一点，这些职业都有一个共通点，那就是语言的应用能力，再往深一层说，就是对语言的敏感度。基于对语言的兴趣，大学时期的帅健翔选择主修商务英语专业。当时，有一门必修课叫语言学，他从语言学的书中发现了一个陌生名词：NLP。经过一番搜索，他了解到 NLP 是一门成体系的科学，对此产生了兴趣，于是报课学习。后来他发现，NLP 属于"神经语言程序学"，有一半语言学、一半心理学，指的是从心理学的视角去看语言。在对 NLP 不断精进的过程中，帅健翔发现语言跟人的思维、潜意识密不可分，便进一步了解它们是如何相互作用的。之后，他又接触到催眠，顺势把催眠也学了。后来，他把三者都学成了。他不认为自己学了三个不同的学科，而是学习了一个关于"语言应用"的学科。

看似不同的职业，实际上存在相同之处，因为它们拥有同样的底层逻辑。在这个领域学到的技能，在其他领域也可以运用，弄懂底层规律，就能实现领域互通。比如，沟通交流能力、组织协调能力、写作演讲能力，这些通用技能能够在不同的领域派上用场。

所以，找到问题或现象背后的底层逻辑，能让我们拥有举一反三、融会贯通的本领，在看问题时能够更加通透和准确，看透事物本质，拥有高认知力。

那么，如何看透事物的底层逻辑呢？

一个简单的方法是**先归纳后抽象**。顾名思义，先对事物进行归纳，再进行抽象和概括。先归纳后抽象法有两个关键动作：**归纳和抽象**。

归纳是指从个别事物到一般事物的推理方法。其关键点是我们选取某事物的样本越多，得出的结论就越准确。比如，经济学家根据人们的交易现象归纳出了"供求理论"。

抽象是指从众多事物中抽取出共同的、本质性特征的思考过程。比如，我们会将香蕉、樱桃、苹果统称为"水果"，这就是抽象的过程。

当我们把归纳与抽象结合起来，就能看透事物的底层逻辑。比如，产品运营专家梁宁在讲如何找产品痛点时，提到首先要找到"痛点"的底层逻辑。她说：

什么叫痛点？我搜了一下，在"什么是痛点"这个问题下，排第一的答案是：对于产品来说，痛点是指那些尚未被满足而又被渴望的需求。这个答案显然不对。没有被满足，用户只是难受而已。不能拿用户的难受当痛点，或者说产品的切入点。

有一些网友讲自己的案例，非常有意思。一位网友说："我一天到晚都会收到推销的广告电话，恨不得卸载手机的通话功能，直到我遇上某某号码通。"另一位网友说："碰到头疼脑热的小病，不值当跑趟医院，又不敢乱吃药，这时有一个APP很好地解决了我的问题。"还有一位网友说："当年的海飞丝广告就很打动我，我第一次拜访岳父岳母时，肩上都是头皮屑，老人一脸嫌弃……"

如果我们稍微留意一下就会发现，上述场景中用户决定要用什么产品时，他们的心理状态可以用一个词来形容，就是"怕"。所以，痛点就是恐惧。

通过梁宁的叙述，我们可以发现她运用的是先归纳后抽象法。首先，梁宁搜集了一些讲痛点的案例，然后对这些例子进行归纳，得出一个结论："上述场景中用户决定要用什么产品时，他们的心理状态可以用一个词来形容，就是'怕'"；其次，梁宁对这个结论进行了一定的抽象，将它变成了一个准确的简单类比，即痛点就是恐惧。简单两步，梁宁就找到了"痛点"的底层逻辑。

　　"台上一分钟，台下十年功。"要练就看透事物本质的能力绝非一日之功，它需要我们不断地练习"三看"，即看透根本、看透根源、看透底层逻辑。如果我们看不透事物的根本属性，就解决不了"为什么"和"怎么办"的问题；如果我们看不透问题的根源，就无法解释问题、解决问题和预测问题；如果我们看不透现象背后的底层逻辑，就无法找到导致同类问题出现的根源。

小试牛刀

本节练习
1. 假设你对自己的职业发展道路没有规划，请你分析出现这个问题的根源。

2. 请你运用5Why提问法，找到自己没有晋升到更高职位的根本原因。

3. 请你运用先归纳后抽象法，看透上司做事的底层逻辑。

1.2 促思考：做掌握命运的少数人

无论我们的起点如何，我们都有提升认知力并实现逆袭的机会，这个机会就在于思考。

任正非便是一个通过勤于思考提升认知力的典型例子。他在青少年时期生活艰难，直至中年，事业仍然毫无起色。然而，他一边学习，一边思考，研究市场经济，钻研经营企业的方法。43 岁时，任正非创立了华为技术有限公司，开始了华为的传奇历程。当时，华为员工的居住条件简陋，十几张床挨着墙依次排开，床不够用时，在泡沫板上加床垫代替，所有员工都住在一起。当时，谁也没想到这家诞生在一间破旧厂房里的小企业，会在若干年后成为全球顶尖通信设备制造企业。

华为 36 年的发展史犹如一幅波澜壮阔的画卷，历经风雨。每当危机出现时，人们都惊讶地发现，华为的表现堪称奇迹。因为任正非从华为成立开始，始终警惕失败，对成功保持敬畏。2001 年 3 月，任正非发表了《华为的冬天》，强调危机意识的重要性。他在文中写道："十年来我天天思考的都是失败，对成功视而不见，也没有什么荣誉感、自豪感，而是危机感。也许是这样才存活了 10 年。我们大家要一起来想，怎样才能活下去，也许才能存活得久一些。"

任正非不仅自己一直在做深度思考，还将华为打造成思考型组织。2010 年，任正非提醒华为管理者"让听得到炮火的人做决策"，全力打造企业的管理转型；2011 年，任正非再一次创造性地设计了"轮值 CEO 制"，带领企业进行全面的组织转型；2012 年，任正非提出使用物理学中的"熵"概念指导企业发展，后来又引进物理学的耗散结构指导企业管理；任正非告诫华为高管："一个企业，一个组织，如果总是背负成功与辉煌的包袱，这个企业其实离死亡也不远了。"

任正非的危机意识源自他对市场的深度思考，这渗透了华为发展的每一个阶段。他不仅重视问题的本质，而且能够精准地选择各个学科最重要的基础原理和规律作为决策依据，有效地解决问题。华为成功的原因有很多，其中之一是任正非的深度思考能力。

俗话说："**三天不思考，大脑就长草。**"长期不思考的人，大脑容易变得迟钝。认知力高的人，把思考看作与这个世界交手的武器。有了直击本质的思考，我们的认知就没有边界。**思考是看透事物本质的原动力**。所以，修炼认知力的第二"功"是促思考。练就思考事物本质的能力，犹如练"气功"，练好了，可以打通"任督二脉"，既能让我们的认知力实现重大提升，也能帮我们找到解决问题的方法。

如何才能培养出"思考的能力"呢？如果我们想走得更快，就得学会跑；如果我们想变得更有力气，就得接受身体力量的训练。同样的道理，如果想拥有思考的能力，我们就要让自己不断地思考，就是这么简单。

那么，是否有一种所有人都能学会的思考方法呢？当然有。有一种门槛低且效果显著的思考方法，是由 TED（Technology——科技、Entertainment——娱乐、Design——设计的缩写）讲师西蒙·斯涅克提出的"黄金圈思考法"。

什么是黄金圈思考法？黄金圈思考法是一种颇具影响力的组织和领

导理念，由西蒙·斯涅克提出。这种方法将思考分为三个层次，呈现为三个同心圆，类似于靶子的形状，如图 1-4 所示。

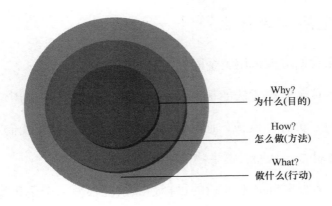

图 1-4　黄金圈思考法

内圈是"Why"，表示为什么。这个层次关注的是组织或个人的核心信念、目的和动机，即他们存在的原因和目标。这也是最关键的部分，因为它为另外两个层次提供了基础的指导。

中圈是"How"，表示怎么做。这个层次关注的是实现目标的具体策略、方法和过程。这些方法与内圈的"Why"保持一致，从而确保行动和目标一致。

外圈是"What"，表示做什么。这个层次关注的是具体的产品、服务或行动。虽然这部分通常是最容易被看到和理解的，但它只是整个黄金圈的表现形式，而非核心。

黄金圈思考法的核心观点是，一个成功的组织或领导者应当首先从"Why"开始思考，其次确定"How"，最后关注"What"。这样做可以

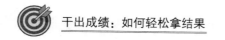

确保组织的行动和决策始终以其核心信念和目标为基础，从而更容易获得成功。

1.2.1　先问"为什么"

为什么我们应该采用黄金圈思考法呢？

首先，黄金圈思考法能帮助我们看透事物的本质。使用黄金圈思考法不是因为"黄金"值钱，而是因为这个思考方式能让我们进行高效、有用的深度思考，从而看透事物的本质。

例如，有段时间企业业绩的目标达成情况很差，于是我找到市场部负责人了解情况。他告诉我，市场部遇到了很多困难，情况很复杂，其中一个原因就是他认为市场部的工作效率偏低。我问他："为什么市场部工作效率偏低？"他找了很多原因，比如他没有时间和精力做管理、市场环境差、员工能力差等。当我再一次提醒他影响市场部业绩的目标达成情况的关键点是什么时，他才意识到自己作为一个管理者没有系统地思考如何抓业绩、培养员工、改善流程等。事实上，当我看到那段时间企业业绩的目标达成情况很差时，我就已经开始思考为什么会出现这种情况了。这个"为什么"背后就隐藏着关键答案。

市场部负责人之所以没有看到本质问题，是因为他一直在思考黄金圈最外层的"What"（做什么），没有思考最本质的"Why"（为什么）。当我不断询问他为什么后，他才逐渐找到了问题的关键。使用黄金圈思考法能够帮助我们深入挖掘问题的本质，让我们的思考不再浮于表面，从而可以解决真正的问题。

其次，黄金圈思考法能帮助我们少走弯路，快速拿到结果。很多人因为一直没有成就而郁闷，认为自己非常努力，付出了很多，学到了很多知识，理应做出一番事业。事实上，如果他们运用黄金圈思考法，就会发现自己没有找到做出成就的关键原因。运用黄金圈思考法，他们要思考自己为什么能做出一番事业、取得大的成就？有什么价值？分析"Why"，得出答案，根据答案制定取得成就的策略；思考"How"，明确怎么去做；做出具体的行为"What"。这样才能降低做无用功的概率，快速取得成就。

比如，有的人想通过副业赚钱，利用业余时间将自己拍摄的短视频发布在短视频平台上。一开始他们感到困难重重，虽然他们每天坚持拍视频、剪视频，绞尽脑汁想文案，但数据一直不好，于是他们想要放弃，认为自己不适合做这一行。可如果他们能用黄金圈思考法思考问题，就不会局限于今天应该拍什么、找什么话题、想什么文案等表面问题，而是深入思考用户为什么要看我拍的视频，用户需要的是什么，以及我能用视频提供什么价值。思考完这几个核心问题后，再根据得出的答案思考具体的拍摄方案，显然更容易成功。

最后，黄金圈思考法有利于提高自身的认知水平。很多时候我们会陷入惯性思考，遇到问题会想怎么解决问题，接到任务会先看别人是如何完成同类任务的。但很多问题并不能靠惯性思考来解决，更高明的解决方法往往是另辟蹊径。运用黄金圈思考法，我们可以站在更高的维度，寻找更好的解决方案。

例如，入驻旅游行业的企业在思考盈利方式时，会下意识地考虑如何与酒店合作，如何将线上流量导入线下酒店，然后设计各种各样风格和主题不同的酒店，打造各种各样的入住攻略吸引用户。他们通常先确定"What"，再去考虑"How"。但是有一家企业从"Why"开始思考——用户旅游一定要住酒店吗？没有酒店应该如何满足用户的住宿需求？顺着这个思路，这家企业发现用户旅游需要的并非酒店，而是一张床和一顿美味的早餐。于是，这家企业大力发展民宿和短租业务，为用户打造了一种全新的旅游体验。这家企业便是在全世界一百多个国家都提供短租服务的爱彼迎（Airbnb）。

无论我们是企业经营者、创业者、管理者、普通员工还是其他任何人，在选择做某一件事时，多从"Why"的角度思考问题，找到深植于内心的目标、理想或信念，指引自己前行。当我们准确地找到自己的"Why"，并能够为了达成目标付出努力时，我们就能拿到结果，干出成绩。

如果我们是企业经营者或创业者，我们需要找到企业的"Why"——为什么要成立这家企业？比如，华为的愿景与使命是"把数字世界带入每个人、每个家庭、每个组织，构建万物互联的智能世界"，这是任正非经营华为的原因。再比如，我们的企业愿景是"帮助1000万家庭健康幸福"，我们要通过提供优质的产品和服务，让每一位用户拥有健康、美丽、自信的人生，让千万家庭享受更加美好的生活。

如果我们是企业管理者，就需要找到团队的"Why"，明确团队对企业独一无二的贡献。比如，我们的团队存在的意义是研发更能满足用户需求的产品，从而帮助企业赢得用户青睐，使企业得以长久生存、发展下去。找到团队的"Why"后，我们可以更好地将团队凝聚在一起，塑造出更有意义的团队文化。

如果我们是普通员工，就需要找到自己的"Why"，知道自己为什么要工作，为什么要做现在这份工作。这将使我们明白工作的意义，让我们对企业产生归属感。如果我们是流水线上普通的组装工人，我们找到自己的"Why"，并明确自己的"Why"是赚钱。为了达成这个目标，我们就要努力提高自己的组装速度和准确度，这样才能赚到更多钱。

大多数人是从外到内进行思考的，顺序是：What——How——Why。比如，我要做建筑设计师（What）——我要学习建筑设计方法（How）——我要挣钱（Why），最后找到一家建筑设计企业上班，成为一名设计师。

正确、高效的思考方式应该是从内到外，顺序是：Why——How——What。比如，我为什么要上班（Why）？因为我要挣钱，上班是挣钱的唯一方法。（如果不是）那我还可以通过什么方式挣钱？创办一家建筑设计工作室。如何成功地创办一家建筑设计工作室？组建团队、承接业务等（How）。最后创办一家建筑设计工作室，成为一位企业经营者（What）。

瞧，不同的思考方式，决定了不同的人生方向。

为了帮助大家更进一步了解两种思考方式的不同，我用一张表来做对比，见表1-2。

表 1-2　传统的思考方法和黄金圈思考法的对比

思考方法对比	传统的思考方法	黄金圈思考法
第一步	接收信息	接收信息
第二步	思考 What，迎合对方的需求，分析自己要做什么	思考 Why，分析为什么要做，确认目的
第三步	思考 How，分析具体怎么做	思考 How，分析怎么做能高效达成目的
第四步	思考 Why，分析为什么要这么做	思考 What，分析具体做什么，做完之后的效果

通过表 1-2，我们可以发现，传统的思考方法和黄金圈思考法有两大明显区别。

区别一：传统的思考方法是被动思考，黄金圈思考法是主动思考。通常情况下，人们会在接到任务、遇到问题时思考自己应该做什么来完成任务、解决问题，满足别人的需求。在这种思考方法的指引下，我们只能顺着别人的思路被动思考问题。黄金圈思考法则是化被动为主动，在我们接到任务、遇到问题时，反过来问对方为什么要做这件事，为什么是我来做这件事。当思路变了之后，我们就能站在更高的层面思考问题。

区别二：传统的思考方法更偏向于向他人表达或展示结果，而黄金圈思考法则更侧重于从自身角度厘清思考逻辑。传统的思考方法的思考顺序是 What——How——Why，结论先行，再根据结论列出具体做法、阐述背后的原理，更像是向他人做汇报。黄金圈思考法的思考顺序是 Why——How——What，先弄清原理，再构思如何做，自然效果更好。

万事先问"Why"，是黄金圈思考法的核心。

为什么 iPhone 的销量一直名列前茅？因为其他手机品牌做营销广告的逻辑通常是：我们的手机非常出色——性能好、颜值高——想买一台吗？看到这样的广告语，用户通常会不屑一顾，没有购买欲望。而 iPhone 做营销广告的逻辑则是：我们所做的每件事都是为了打破现状——我们打破现状的方式是让产品性能好、颜值高——我们只是碰巧制造手机而已——想买一台吗？看出这两种营销广告逻辑上的差异了吗？其他手机是在介绍自身产品的优势是什么，而 iPhone 阐述了用户要购买手机的理由——打破现状。

1.2.2　再问"怎么做"

在过去的 10 年里，我和我的团队一直在寻找我们的"Why"，并坚持在企业发展中总结经验和教训，得出找到"Why"的方法。接下来，我们来看看黄金圈思考法在工作、生活中究竟如何运用，帮助大家顺利启动黄金圈思考法。具体可分为以下三步。

第一步：思考"Why"。我们要培养从内向外思考的习惯，做一件事情之前先思考"为什么"。比如，我为什么要工作？我为什么要读书？我的企业为什么而存在。

第二步：思考"How"。当我们想明白了内圈的"Why"，接下来就要思考中圈的"How"，也就是"怎么做"。这一步就是行动，用什么方式去实现第一步的"Why"，用什么方式去落实我们的理念、价值观。一旦我们想清楚了"为什么"，就要有清晰的流程、方法和原则。

第三步：思考"What"。我们把"Why"和"How"这两步都梳理得非常清晰后，就要思考"What"——做什么。在这一步我们不用花费太多时间去思考，按照前两步的规划就能知道我们应该做什么。比如，今年的主要任务是什么？根据这个任务制订详细、具体的年度计划、月度计划、周计划，我们应该做什么就一目了然了。

看到这里，可能有人会说："确实很有道理，也有很强的理论支撑，但我一思考自己的事情就感到无从下手，该怎么运用呢？"下面，我以具体的场景运用案例来分享如何运用黄金圈思考法，以助力你掌握黄金圈思考法的思维方式。

1. 工作中的运用

假设上司交给我们一个任务：在中秋节举办一场活动。使用黄金圈思考法，我们的具体思考过程如下。

• 思考"Why"：上司为什么要在中秋节举办活动？这场活动的规模有多大，以及要达到怎样的效果？

• 思考"How"：上司希望在本次中秋节举办一场大型活动，目的是将企业积压已久的库存清空，那么我们应该以清空库存为活动目标，对库存量大的产品进行大范围促销。

• 思考"What"：活动结束后，对活动过程进行复盘，看看是否偏离了预期目标。

再比如，上司要求我们做一份公司宣传PPT，通常我们是否会马上查找企业的相关资料，把企业的使命、愿景、价值观、获得的成绩等都展示一遍？事实上，这样做很有可能引起上司的不满，因为包含这些内容的 PPT 不一定符合他的预期。我们可以使用黄金圈思考法，对这个工作任务进行思考。

- 思考"Why"：为什么上司需要公司宣传 PPT？他需要在什么场合、哪个环节使用？这份 PPT 是做给谁看的？

- 思考"How"：经过询问，我们发现这份公司宣传 PPT 是给投资人看的，上司希望 PPT 能展现出企业的发展潜力。于是我们需要着重介绍企业过去做出的成绩和企业的未来规划，吸引投资人的注意。

- 思考"What"：把一些有别于其他企业的特点展示出来，给投资人留下深刻印象，为企业争取投资。

按照这种思考逻辑去做公司宣传 PPT，上司一定会满意，因为这份 PPT 的内容展示达到了他想要的效果。

2. 团队管理上的运用

如果我们刚刚晋升为管理者，负责一个销售团队的管理工作，企业经营者要求我们做团队管理方案，我们可以采用黄金圈思考法分析如何管理团队。

- 思考"Why"：为什么企业经营者要让我管理这个团队？我具备哪些管理团队的优势？企业经营者希望这个团队取得怎样的成绩，以及形成什么样的团队文化？

- 思考"How"：经过上一步分析发现，企业经营者提拔我做这个团队的管理者，是因为我擅长销售，过去一直是企业中的销售冠军，企业经营者希望我将自己的销售经验传授给销售团队的成员，让销售团队成为企业的销售标杆团队，为企业创造更多的业绩和利润。基于此，我需要将提升团队业绩目标作为管理重点，围绕这一重点想出一些对策和方法，比如，对团队成员进行系统化销售培训、制定标准化销售流程等。

• 思考"What"：分析每项举措能够达成的效果，即能做成什么样，写出我对团队未来的设想。

通过使用黄金圈思考法，我们很容易明确团队管理的重点，并想出相应的对策和方法，令企业经营者满意。

3. 企业经营上的运用

小米用了 9 年时间进入世界 500 强，成为世界 500 强中最年轻的企业。小米的成长速度为何如此之快？我认为原因之一便是雷军在创办小米时就采用了黄金圈思考法。

• 思考"Why"：为什么要创办小米？雷军在《小米创业思考》一书中作了解答。他谈到，创办小米源自一个朴素的想法——"那个时候的我们想做一家伟大的公司，想对社会有贡献。"这个想法在他读大学时就有了。1987 年，他正在武汉大学计算机系读大一，在图书馆里阅读了《硅谷之火》一书后，一下子就沉浸到了硅谷的故事里，深受其中所传递的硅谷精神的感召。读完这本书后，他激动地在武汉大学的操场上走了两圈，内心好像有一团火在燃烧着，第一次明确了自己的目标——在中国创办一家世界一流的企业，创造一些伟大的产品，改变每个人的生活。

- 思考"How"：雷军有了创办一家伟大的企业，为社会做出贡献的想法后，紧接着仔细分析了自己能为这个社会做什么。他思考了这些后，将为社会做出贡献的想法进一步落地为自己应该做点事情推动中国制造业的转型升级。具体如何实现呢？雷军看到了一个机会——智能手机。2007 年 iPhone 发布，智能手机时代真正拉开帷幕；2009 年，谷歌发布了开源的手机操作系统安卓，不久后第一款安卓手机问世。他使用了安卓手机后，发现设计很粗糙，但他认为安卓一定会成功，于是他决定在安卓操作系统的基础上做智能手机，最终确定了如何实现自己的梦想。

- 思考"What"：雷军在思考完为什么要创办小米、怎么做小米后，紧接着开始思考具体的执行规划。基于最初的梦想，他将小米手机的发展规划制定为"做全球最好的手机，只卖一半的价钱，让每个人都能买得起"。2011 年 1 月，在小米的第一次年会上，他跟同事们说："我们的目标是做出像 iPhone 一样好的手机，然后卖 1800 元，甚至 800 元，让每个老百姓都买得起。"当他把"Why"和"How"想清楚后，"What"就变成了顺其自然的事情。

在经营企业上，我们要时刻用"为什么"检验自己，像雷军一样，时刻思考小米是否为改变每个人的生活做出贡献。因为只有这样的企业，才能真正成为行业的领军者，才能实现可持续发展。

4. 生活中的运用

看到这里，如果你认为黄金圈思考法只能用于工作，那就大错特错了。黄金圈思考法还可以用于我们的生活。

例如，你的朋友刚刚攒够首付，购买了人生中的第一套房。你十分羡慕，也想买属于自己的房子。可你看看存款，又看看房价，忍不住叹气道："算了吧，这对我来说太难了。"于是，你等了一年又一年，房价在涨，而你的价值在降，你一直买不起房。如果我们用黄金圈思考法来思考这一问题，你会发现买房并不是一件很难达成的事。具体思路如下。

- 思考"Why"：我为什么要买房？为了提高生活质量。

- 思考"How"：我要如何才能攒够钱付房款首付？按照现在的薪资，制订储存计划，把目标分解到月；你发现依靠现有的薪资，买房很难，你要赚更多钱；通过学习，不断提升自己的核心竞争力，获得升职加薪的机会。

- 思考"What"：每个月攒 3000 元；积极参加技能培训，一年内实现升职加薪。

通过以上示例，你是否掌握了黄金圈思考法？现在，让我们对这一节的内容进行总结（见表 1-3），以便于您在运用黄金圈思考法时能更好地修炼自己的"轻功"。

表 1-3　黄金圈思考法总结

黄金圈思考法	应用
Why： 为什么要用	黄金圈思考法能帮助我们看透问题的本质 黄金圈思考法能帮助我们少走弯路，快速拿到结果 黄金圈思考法有利于提高自身的认知水平
How： 如何用	第一步：思考"Why"，"为什么" 第二步：思考"How"，"怎么做" 第三步：思考"What"，"做什么"
What： 什么是	将思考分成 3 个层次： 内圈是"Why"，表示为什么 中圈是"How"，表示怎么做 外圈是"What"，表示做什么

找到"Why"并不是容易的事情，这需要我们长期的刻意训练。黄金圈思考法真正厉害的地方在于它让我们在不断问"为什么"的过程中越来越了解事物的本质，找到正确的事。

从现在开始，你要多问自己"为什么"。我相信，所有人都可以像巴菲特那样，如同跳着踢踏舞去工作：一觉醒来充满热情地投入工作，一天结束时也能带着对工作的满足感回家。

小试牛刀

本节练习
1.你为什么要从事现在正在做的工作？

2.你如何将现在的工作做得更好？

3.找到你将工作做得更好的具体做法。

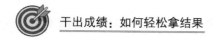

1.3 破思维：向未来要策略

张成和李固的职业生涯起点相似，他们毕业于同一所大学，并通过校招进入同一家企业工作。然而，10年后，两个人的人生轨迹截然不同。张成一直在原企业工作，经过10年的发展，成为一位基层管理者。人到中年的他，每日都担忧自己被淘汰。与此同时，李固在企业工作的5年里，一直在有意识地成长和积累资源，当时机成熟时，他毅然辞职开始创业。在接下来的5年里，李固经过不懈努力，使企业逐渐走上了正轨。

张成很不服气，他不知道为什么李固看起来并不努力，却可以得到上司的赏识，最终成就自己的事业。反观自己，每天认真工作，从不迟到早退，却拿不到结果。张成的问题究竟出在哪里呢？

问题出在张成和李固具备不同的思维模式。张成的思维模式属于固定型，看起来一直在努力工作，事实上没有任何成长，只是在做重复性动作；李固的思维模式属于成长型，带着思考和目标工作。长此以往，二人的发展便有了天壤之别。

思维不对，努力白费。用旧有思维模式重复过去，当然只会得到和过去一样的结果。重复无效的努力等于白努力。要想结果不同，我们就要改变旧的思维模式。

稻盛和夫有一个很著名的方程式：

人生·工作的结果＝思维模式 × 热情 × 能力

这个方程式表达的意思是：人生或工作的结果由思维模式、热情和能力三个要素的乘积决定。同时，稻盛和夫认为最关键的要素是思维模式。思维模式是一个人看待事物的角度、方式和方法，对人们的言行起决定性作用。如果一个人拥有固定型思维模式，即使他有热情与能力，三者的乘积也只能等于零；如果一个人拥有成长型思维模式，再加上热情和能力，三者的乘积将是一个很大的正数，无论是人生还是工作，都会有好的结果。

稻盛和夫提出的方程式具有一定的普适意义，给我们指明了努力的方向。根据方程式的含义，即使我们的能力平庸，但只要我们在正确的事上投入足够的热情，并且拥有成长型思维模式，我们就能干出成绩，拿到结果。

在快速变化的环境中，成长型思维模式能够帮助我们看透事物的本质，利用已有规律（思维模型），直击问题要害，它的本质是站在巨人的肩膀上继续前进。所以，修炼认知力的第三“功”是打破思维，向未来要策略，由固定型思维模式转变为成长型思维模式。

看到这里，你也许会问：道理我都懂，我也明白思维模式对一个人的重要性，但是如何改变固定型思维模式呢？坦诚地讲，改变一个人的思维模式是一件很难的事。思维模式的形成与一个人的成长经历、阅历、学识等有关，不是一朝一夕就能改变的。不过，一旦我们做出改变，哪怕只是一点点，收益也将是巨大的。

“破思维”有两个关键动作。

• 关键动作一：“拆”。不破不立，只有“拆”掉固定型思维模式的那堵墙，才能建立新的思维模式。

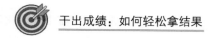

- 关键动作二："重建"。破而后立，建立新的成长型思维模式。

1.3.1　拆：拆掉思维里的墙

我们的固定型思维模式就像一堵又厚又高的墙，由我们亲手搬砖、垒砌，并将自己围困其中。虽然我们肯干、实干，却干不出成绩。若我们拆掉了思维里的墙，犹如练就了一身"轻功"，使我们能够轻松拿到结果。

要实现这一目标，首先我们需了解什么是固定型思维模式，然后分辨出自己的思维模式是否已经固化。如果是，便应立即"拆"掉固定型思维模式，重建成长型思维模式；如果不是，我们也应学习一些新的思维模式以拓宽视野。

1. 什么是固定型思维模式

在回答这个问题之前，我们先看看什么是"模式"。美国投资家查理·芒格（Charlie Thomas Munger）给"模式"下过一个定义："任何能帮助我们更好地理解现实世界的人造框架都是模式或模型。"思维模式会给我们提供一种视角或思维框架，从而决定我们观察事物和看待世界的视角。**思维模式就是我们做决策的工具箱**，犹如安装在我们头脑之中的 APP。当我们想确定假期行程时，可以打开手机，点击上面的旅行类 APP，查看他人的旅行攻略；当我们想预订酒店时，可以打开手机，点击上面的住宿类 APP，完成酒店预订。手机上的 APP 是能够直接拿来使用的工具箱，而思维模式一旦植入我们的头脑，也就成为我们可以直接拿来使用的工具箱。因此，我们头脑中拥有的工具箱越多、越好，就越能帮助我们快速做出正确的决策。

固定型思维模式让我们用固定不变的思维框架和视角看世界、观察事物；成长型思维模式让我们用多元化的思维框架和视角看世界、观察事物。固定型思维模式和成长型思维模式的区别见表 1-4。

表 1-4　固定型思维模式和成长型思维模式的区别

场景	固定型思维模式	成长型思维模式
对智力的思考	人的智力都是差不多的，我要让自己看起来更聪明	人的智力可以提高，我要多学习
遇到挑战时	我害怕挑战	我接受挑战
遇到阻碍时	算了，放弃吧	加油，我可以的
对努力的看法	努力了也没用	再试几次就能成功
对评价的看法	他根本不懂	他说得有道理，我需要改正
他人成功时	得意什么，下次我也可以	他这一点值得我学习
结果	停滞不前，始终在原地徘徊，无法取得成功	持续成长，不断进步，最终达成目标

两种思维模式的差异显而易见：固定型思维模式者认为人的智力是固定不变的，因此对任何事情都不积极、不努力、不接受，最终无法获得自己可得的成绩；成长型思维模式者认为人的智力是可以提高的，因此积极学习、努力成长，能够接纳他人意见，学习他人长处，最终拿到结果，干出成绩。

拥有什么样的思维模式就会拥有什么样的命运，唯有拆掉思维的墙，人生之路方能越走越宽。正如顺丰创始人王卫所说："一个人成功一次，也许是偶然，但若能长期成功，那肯定有其独到之处，可能从思维

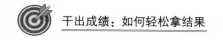

到行为都跟别人不太一样。"

2. 如何判断自己的思维模式

如何判断自己是否为固定型思维模式者呢？方法有二，一是对照表 1-4，观察自己在不同的场景中有什么样的表现，推断自己是固定型思维模式者还是成长型思维模式者；二是问自己以下五个问题，如果以下问题的答案皆为"是"的话，那么你很有可能就是固定型思维模式者。

- 你是否经常为自己做不成某件事而找借口？
- 你是否经常把"我不行"挂在嘴边？
- 你是否害怕尝试新事物？
- 你是否害怕冒险、喜欢安稳？
- 你是否拒绝接受别人的意见和批评？

如果我们继续用固定型思维模式来思考问题、看待事物，认知力将无法得到提升，只能停留在平面和立体几何的层次。一旦我们拥有成长型思维模式，就进入了黎曼几何的世界，展现在我们面前的将是一个崭新的世界，我们面对的问题也将迎刃而解。正如爱因斯坦所言："我们不能用制造问题时的同一水平思维来解决问题。"

所以，从此刻开始，让我们勇敢地打破固定型思维模式的壁垒，建立全新的成长型思维模式。查理·芒格说过一句耐人寻味的话："一个人只要掌握 80~90 个思维模型，就能够解决 90% 的问题，而这些模型里面非常重要的只有几个。"接下来，我将分享三个具有极大改变力的思维模型，它们能够对我们的行为和人生产生深远影响。这三个思维模型分别是逻辑层次思维、复利思维、长期思维。

1.3.2　逻辑层次思维：普通人看行为，卓越者看愿景

在这里，我们要用到一个概念："NLP 思维逻辑层次"。"NLP 思维逻辑层次"也称"理解层次"，最初由人类学家格雷戈里·贝特森（Gregory Bateson）提出，后由国际顶级 NLP 大师罗伯特·迪尔茨（Robert Dilts）整理。"NLP 思维逻辑层次"把对一件事情的理解分成了六个不同的层次，如图 1-5 所示。

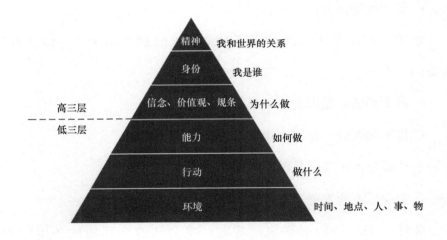

图 1-5　NLP 思维逻辑层次

在"NLP 思维逻辑层次"中，上一层对下一层有指导作用。环境、行动、能力称为低三层（这是我们可以意识到的层次）；BVR（信念、价值观、规条）、身份、精神称为高三层（这是潜意识层面的东西）。"NLP 思维逻辑层次"的应用核心是：当我们想改变自己低层次的思维逻辑时，可以通过层层递进的方式，用更高一层的思维逻辑来看待事

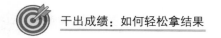

物、解决问题等。

1. 环境

"NLP 思维逻辑层次"的第一层是"环境"，这是最底层。什么是"环境"？除自己之外的一切东西，包括时间、地点、事物、人物等，比如天气、地域、市场环境、身边的人（上司、同事、竞争对手、亲朋好友）。处于这一层的人的思维模式和解决问题的方式如下。

- 思维模式："都是你们的错。"
- 解决问题的方式：换。

处于环境层的人，面对问题时总会把问题归因为"环境不好"，比如：

- 赚不到钱，是因为生不逢时。
- 得不到晋升，是因为竞争对手拍上司马屁。
- 产品卖不出去，是因为市场环境差。
- 企业得不到发展，是因为竞争对手"使阴招"。

这样一来，他们在解决问题时，也会从改变环境的角度出发，比如：

- 这个行业没有发展前景，换一个。
- 这家企业没有晋升机会，换一家。
- 这个朋友总是和我吵架，换一个。
- 这个专业太冷门，换一个。

2. 行动

"NLP 思维逻辑层次"的第二层是"行动"，处于这一层的人的思维模式和解决问题的方式如下。

- 思维模式："我还不够努力。"
- 解决问题的方式：努力。

"行动"是什么？行动就是我们的所作所为。处于"行动"层的人，凡事都会从自身找原因，认为出现问题或结果不理想是自己的行动力不足。这类人通常都是"实干家""行动派"，日常工作积极努力、任劳任怨。

面对问题时，这类人总是把问题归因为"我还不够努力"，比如：

- 孩子不听话，是因为我还不够努力。
- 业绩差，是因为我还不够努力。
- 管理不好团队，是因为我还不够努力。
- 企业发展艰难，是因为我还不够努力。

这样一来，他们在解决问题时，也会从自身出发，在行为上做改变，比如：

- 孩子不听话，我得多给他讲道理。
- 业绩差，我得多加班。
- 管理不好团队，我得多与他们接触。
- 企业发展艰难，我得多待在企业里。

问题来了，是否当我们选择努力，所有的问题就能解决了呢？并不是，因为很多事情并不是努力就会有结果的。努力只是成功的一个基础

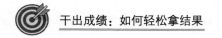

条件，选择努力并不是解决问题的最优解。

3. 能力

"NLP 思维逻辑层次"的第三层是"能力"，处于这一层的人的思维模式和解决问题的方式如下。

- 思维模式："我的能力不足。"

- 解决问题的方式：学习新的方法，提高能力。

什么是"能力"？能力就是我们解决问题、处理事情时的思维模式、方法。处于"能力"层的人在面对问题时会把问题归因于"能力不足"，解决问题的方法是提升能力，比如：

- 业绩差，是因为我的销售方法过时了，我要学习新的销售方法，马上去找主管要求培训。

- 管理不好团队，是因为我的管理能力不足，我要学习更多管理方法，马上报一门管理课程。

- 和父母关系不融洽，是因为我的沟通能力不足，我要学习更好的沟通方式，马上买沟通类的书籍来看。

处于这一层的人会审视自身能力，并且会为了提升能力不停学习，懂得用科学的方法和工具解决问题。他们擅长站在巨人的肩膀上向上攀登，知道任何问题都不是孤立存在的，解决问题时要看全局且从长期利益出发。如果我们能达到这个层次，那么在面对普通的问题时就能轻易做出好的决策。但需要注意的是，我们达到这一层次后还需要兼顾行动，否则很容易变成纸上谈兵。

所有问题是否都能通过提升能力解决呢？当然不是。管理不好团队，学习管理知识就能解决吗？或许可以，但更重要的是深入分析管理不好团队的原因，然后再去选择对应的管理方法。如果方法选错了，学再多的管理知识都没用。同样的道理，一旦我们选错了方向，即使再优秀，也会是"优秀而无用"的人。

4. BVR

"NLP 思维逻辑层次"的第四层是"BVR"，处于这一层的人的思维模式和解决问题的方式如下。

- 思维模式："什么才是更重要的。"
- 解决问题的方式：找到问题的本质，选择对的方法。

什么是"BVR"？"BVR"是由英文单词 Believe、Value、Rule 的首字母组成的，中文意思分别是信念、价值观和规条。信念是指相信什么，即我们认为这个世界应该是什么样的；价值观是指在面对选择时，我们认为哪个更重要；规条是指做人、做事的原则。无论是信念、价值观，还是规条，都是对我们的选择起到关键影响的因素。这些因素说不清、道不明，却真实存在。

"能力"层可以让我们把事情做正确，而"BVR"层则可以帮我们选择做正确的事情。处于"BVR"层的人，往往能在复杂得像毛线球一样的问题中抽丝剥茧地找出能够解决问题的"线头"，然后将毛线捋顺。

假设部门业绩下滑，我们来观察处于"能力"层和处于"BVR"层

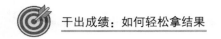

的人是如何解决这个问题的。处于这两层的人，会先对部门业绩下滑的原因进行分析，得出以下结论。

- 市场问题：竞争对手推出新产品，在市场上很受追捧。

- 人员问题：部门员工近期对工作有所懈怠，工作热情不高。

- 营销问题：营销方式陈旧，没有新玩法。

把这些原因梳理出来后，我们先来看看处在"能力"层的人会选择如何解决业绩下滑的问题。

- 针对市场问题：模仿竞争对手推出的新产品，生产一款可与其"对打"的产品。

- 针对人员问题：给员工"打鸡血"，开展一些可以提升员工士气的活动。

- 针对营销问题：学习一些新的营销方法，教给一线销售人员。

看到了吗？处在"能力"层的人，解决问题的方式是一一对应，逐个解决。但这种解决方式并不是最优解，因为这种解决问题的方式无异于"头痛医头，脚痛医脚"，看似解决了问题，但解决的都是表面问题，若深层次的问题不解决，问题将会越来越多，永远也解决不完。

我们再来看看处于"BVR"层的人会用什么方式解决问题。他们可能不会立刻给出解决方案，而是先思考：业绩下滑的根本原因是什么？市场问题、人员问题、营销问题等都是浮于表面的问题，仔细分析就会发现：竞争对手推出新产品受到用户追捧后，自身产品销量下滑；产品销量下滑，部门员工工资降低，工作积极性降低；部门员工工作积极性降低，在营销上自然不够卖力。

由此可见，最大的问题出在产品上。模仿竞争对手打造一款新产品是否能够解决问题呢？并不是。处于"BVR"层的人会明白，产品问题的本质是用户需求问题，如果竞争对手已经针对用户的某一需求打造了产品，并且这些产品已经在用户心中留下了深刻印象，再生产同样的产品也很难被用户接纳。因此，处于"BVR"层的人最终选择的是深入市场调研，挖掘用户还未被满足的需求，找出用户最大的需求痛点，据此打造新产品。整个分析过程如图 1-6 所示。

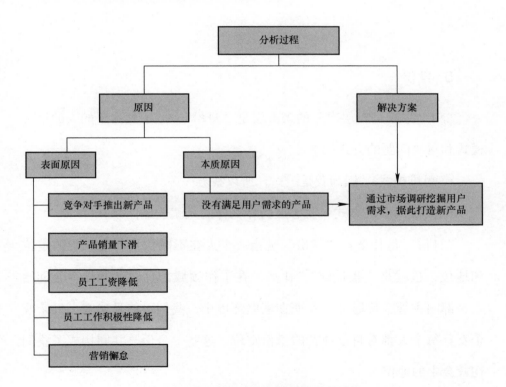

图 1-6　处于"BVR"层的人的分析过程

在面对问题时，处于"BVR"层的人的选择是分析问题产生的根本原因，然后据此想出对策，解决根本问题。试想一下，如果上述案例中处于"BVR"层的人根据用户需求打造出新产品，再通过各种营销方法推向市场，受到用户的追捧，员工的积极性还会低吗？公司还会害怕竞争对手的产品占领市场吗？公司还会苦于没有营销方法吗？业绩还会下滑吗？一切问题都将迎刃而解。

看到这里，有的人也许会问："在找出本质问题后，有多种方法可以解决这个问题，这些方法看上去都是对的，我不知道该怎么选，怎么办？"如果出现了这样的问题，意味着你的理解层次还可以再上一层。

5. 身份

"NLP思维逻辑层次"的第五层是"身份"，处于这一层的人的思维模式和解决问题的方式如下。

- 思维模式："因为我是……，所以我会……。"
- 解决问题的方式：我想成为什么样的人就选择什么。

"身份"是什么？"身份"是指一个人在不同情境和角色中的定位和地位，也就是"我是谁"。比如，在工作领域，我们可能是企业创始人、部门主管、普通员工；而在家庭环境中，我们可能是父亲、母亲或子女。每个人都有自己独特的身份定位，这些"身份"共同构成了我们在社会中的地位。

处于"身份"层的人，在思考问题时，会从自己的身份出发，身份决定了价值判断，比如：

- 我是企业创始人，我要思考企业的未来，做战略规划。

- 我是部门主管，我要以身作则，做出成绩，并且遵守企业的规章制度。

- 我是普通员工，我要尽职尽责，做好本职工作。

如此一来，在面临抉择时，他们便能明确自己应承担的责任，清楚哪些事情是他们应该做的，哪些事情不是他们应该做的，比如：

- 我是企业创始人，我能抛下企业不管去休长假吗？我不能。

- 我是部门主管，我能眼睁睁地看着部门业绩下滑吗？我不能。

- 我是普通员工，我能每天迟到、早退吗？我不能。

我们从自身角度出发来看待和解决问题，已经非常不易。但这仍达不到更高的境界。假如我们将自己的视角提升到更高层次，便能更好地看透事物的本质，解决根源性问题。要如何提升层次呢？关键在于我们想成为什么样的人，我们要以什么样的身份来做出决策和选择。这样，我们便能更好地理解和解决问题，实现自我成长和价值提升。比如：

- 你现在待业家中，想成为普通员工，你就要以普通员工的视角做选择，思考自己怎样做才能顺利入职。

- 你现在是普通员工，想成为部门主管，你就要以部门主管的视角去做选择，不仅要思考如何提升自身业绩，还要思考如何提升部门的整体业绩。

- 你现在是部门主管，想成为企业创始人，你就要以企业创始人的视角去做选择，不仅要思考部门事务，还要思考如何促进企业的整体发展。

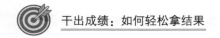

6. 精神

"NLP 思维逻辑层次"的第六层是"精神"，处于这一层的人的思维模式和解决问题的方式如下。

- 思维模式："我能为他人做什么？"

- 解决问题的方式：我如何能够让更多的人获益。

处于这一层的人往往不是遇到问题后再做选择、想方法，而是主动思考自己的使命，比如：

- 我存在于这个世界的意义是什么？

- 这个世界因为我会有什么不同？

- 我能为他人、为社会、为全人类做出什么贡献？

- 我如何让更多的人获益。

看到这里有的人会说："我经常思考这些问题，是不是代表着我已经达到了最高理解层次？"在这里我要说明的是，理解层次需要逐级上升。比如，在思考以上问题时，我们是否已经到达了"身份"层？如果我们每天在家里待着什么都不做，不出门工作、不与他人接触，那么我们改变世界、造福全人类的想法都只是空谈而已。

在现有身份的支撑下去思考如何能够更利他，思考自己存在的意义，并做出切实行动，才能证明我们到达了"精神"层，比如：

- 为党育人、为国育才、为山里的孩子读书奔走一生的教师张桂梅，她每日思索的是如何依靠自己的力量让更多山里的孩子读书、成才。

• 日复一日、年复一年开展志愿活动，操心居民大事小情的党支部书记王兰花，她每日思索的是如何多为群众做实事。

• 参与中国重大项目焊接技术攻关，攻克数百个焊接技术难关的焊接工人艾爱国，他每日思索的是怎样提高焊接技术，为人民谋福利。

或许有人会问，是否只有一心为人民的人才能到达"精神"层，身处职场的我们根本无法做到？并不是，身处职场，我们依旧可以"利他"，思考如何为用户创造价值。比如，生产出能够改变用户生活的产品、提升服务水平让用户体验更好等。虽然这些选择覆盖的范围不广，但已经是基于我们的身份能够做出的最好的选择。

逻辑层次思维法可以用于我们工作和生活的方方面面。比如，一直以来，我都不喜欢做按部就班的工作。10 年前做记者时，我需要到处"跑新闻"，按流程进行采访，同时还得细心谨慎。为了避免出错，我会一条一条列出需要完成的任务和需要注意的事项，做成清单，然后按照清单去执行。虽然我能按时、按要求完成任务，但过了一段时间，我感到身心俱疲。我对自己产生了深深的质疑：难道是我没有踏实做事？

后来，当我运用逻辑层次思维法思考这个问题时，我才发现并不是我的做事方法出了问题，而是我的价值观与这份工作的要求并不相符。我的人生核心价值观是"不断尝试新鲜事物，探索更多元的自己"，因此我喜欢做那些具有创造力的事情，在发挥创造力时，我总是充满热情与动力，毫无倦意。而严谨的新闻工作需要我按照相同的套路、沿着同样的轨迹行进，我感到被束缚、被框定在一个狭小的空间里。我的价值观和行为产生了冲突，当我不理解这个冲突的时候，我就不停地责怪自己；在我理

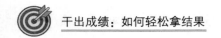

解了这个冲突之后，我才发现自己的优势与天赋所在。这就是逻辑层次思维法的另一种运用——找到产生各种内在冲突的根本原因。

当一家企业要做重大决策、调整重大战术或部署重大行动时，企业经营者要到"高三层"去看这件事情对 10 年以后的发展是否有益、是否符合企业的愿景、是否匹配企业的价值观。同时，在招聘员工前，企业经营者也要看应聘者的价值观是否与企业的价值观相符。

这就是"NLP 思维逻辑层次"，它告诉我们要想解决某个属于行为层面或战略、战术层面的问题或做重大决策，对个人而言，首先要思考的是自己的愿景、身份、价值观；对企业而言，首先要思考的是企业的使命、愿景、价值观。

1.3.3　复利思维：知者赚，不知者亏

1. 什么是复利思维

什么是复利思维？在讨论复利思维前，我们要先知道什么是"复利"。

一个极小的数值，在翻倍的基础上再翻倍，执行若干次后，就会爆发式地快速增大，最终变成一个天文数字，这就是复利。

"复利"可以用数学公式表现出来，如图 1-7 所示。

很多人一看到这个看起来很复杂的数学公式，立刻摇了摇头表示不理解。事实上，我们不用盯着这个公式中的字母，只需理解公式的底层逻辑即可。

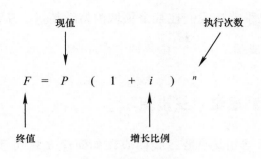

图 1-7 复利公式

我们可以将 $P(1+i)^n$ 看成一个整体，这个整体是不断增大的，每执行一次，这个整体就增长，最终得到终值 F。由此可见，复利的本质是做事情 A，导致结果 B，结果 B 又反过来加强 A，不断循环，最终得到一个惊人的结果，如图 1-8 所示。

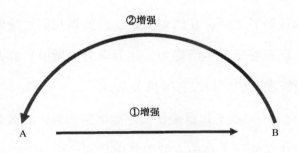

图 1-8 复利的本质

明确这个逻辑后你会发现，很多事物都遵循复利的底层逻辑：企业想发展，将赚到的利润投入到研发中，赚得越多，投得越多，投得越多，赚得更多，如此反复。个人想发展，会去学更多技能，学得越多，收入越多，收入越多，学得越多，如此反复。

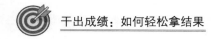

建立复利思维能让我们在某个领域内持续精进，从而拿到更好的结果，干出更大的成绩。

2. 重建复利思维"三步骤"

既然复利思维如此重要，我们应该如何建立复利思维让个人成长、团队管理、企业经营取得惊人的成就呢？通过查阅资料以及结合自身经验，我总结出建立复利思维的三大步骤，供大家参考、实践。

（1）第一步：找到因果关系

这里的因果关系是指做事情 A 与得到的结果 B 之间的因果关系，这是复利效应产生的重要前提。简单来说，就是我们要知道做什么才能得到结果，知道种什么因且得什么果。如果我们想升职，就应该提升工作能力，因为这两者之间存在因果关系。但如果我们想升职，却没有提升工作能力，而是提升了生活能力，比如学会了做饭，那么我们就不会升职，因为做饭和升职之间没有因果关系。

也许有人会问："我不知道做什么才能得到结果，怎么办？"

最好的方法是阅读，从前人的智慧中找到已被总结的正确规律，为己所用。如果我们想提升产品毛利率，可以学习相关的财务知识，从书中找到财务公式：毛利率 =（销售收入 − 销售成本）÷ 销售收入 × 100%。然后我们就会明白，要想提高产品毛利率，可以从提升销售收入、降低销售成本这两个方面入手。

有时候我们还会遇到一种状况：我们做了事，有时能得到结果，有时又不能得到结果。这是为什么呢？

因为事物之间的因果关系不是百分之百成立的，在做事情时出现了任何偏差，都会令结果产生巨大变化。比如，我们写了一篇自认为内容质量很高的文章，发布后点击率却很低。这是为什么呢？因为文章内容质量和点击率之间没有必然的因果关系，文章点击率的高低受多个要素影响，内容质量只是其中的一个影响要素。因此，我们在做事情时，要选择在大部分情况下能得到结果的事情，或者说有较大概率能够产生结果的事情，然后尽人事、听天命。

（2）第二步：提升结果 B 对做事情 A 的增强效果

如果我们做了事情 A 得到了结果 B，还需要让结果 B 反过来增强事情 A，如此才能实现复利效应。怎么让结果 B 反过来增强事情 A 呢？我们需要考虑两种情况。

情况一：结果 B 天然对事情 A 有增强效果。比如，我们滚雪球，粘的雪越多，雪球越大，大的雪球又会粘更多的雪，如图 1-9 所示。

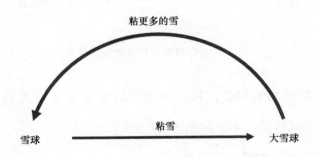

图 1-9 雪球与粘雪的天然增强效果

对于对事情 A 有增强效果的事物，我们要做的就是找到它，并按照它固有的增长逻辑执行即可。

情况二：需要进行人为干预，才能提升结果 B 对事情 A 的增强效果。之所以需要人为干预，是因为在大多数情况下，结果 B 对事情 A 没有天然的增强效果。比如，我们开了一家店，客流量不少，带来了高销售额，但高销售额却不能带来更多的客流，怎么办？

此时，我们需要做动作 C，在销售额与客流之间搭建一座"增强桥梁"。我们可以在销售达成后添加客户的联系方式，送福利吸引老客户复购；我们也可以做老带新活动，让老客户带来更多的新客户，使销售额更高。具体流程如图 1-10 所示。

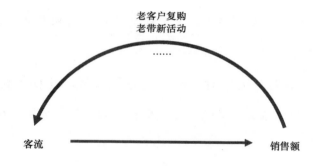

图 1-10　销售额对客流的增强效果

动作 C 的选择有很多，我们在增强结果 B 对事情 A 的效果时，可以同时做多个动作 C，不必局限于一个动作。

（3）第三步：坚持，再坚持

为什么要强调坚持呢？因为很多人在做完前面两大步后，就满怀希望地等着复利效应产生，迎来爆发式增长。可左等右等，始终等不到，最后就放弃了。比如，我们为了提升客流量，做了一系列活动：定期回访老客户、给老客户送福利、做老带新活动等，然而回应我们的老客户寥寥无几，客流量还是和之前一样。这时我们可能会产生自我怀疑，最终选择放弃。

之所以会这样，是因为我们不知道复利效应的缺陷——在爆发式增长来临前，会有一段漫长的积累期。在这期间，事物的增长非常缓慢，我们有时甚至感觉不到它的存在，哪怕我们已经坚持了很久。只有当我们坚持到积累期结束，才会迎来爆发式增长期，积累期与爆发式增长期之间存在一个特定的点，我们可以将其称为"爆发点"，只有到达爆发点并继续坚持，爆发式增长期才会到来，如图 1-11 所示。

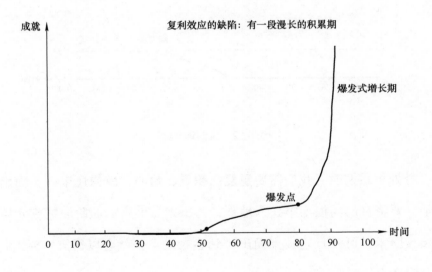

图 1-11　复利效应的缺陷

换言之，我们坚持了三个月，客流量还是没有明显变化，是因为我们还处在积累期，没有到达爆发点。我们要相信，如果坚持做正确的事情，总有一天会到达爆发点，迎来爆发式增长。

长时间看不到结果难免让人泄气，为了鼓励自己，我们可以绘制出复利曲线，并在爆发点处绘制一条"地平线"，告诉自己只有突破了地平线，才会迎来爆发式增长期，如图 1-12 所示。

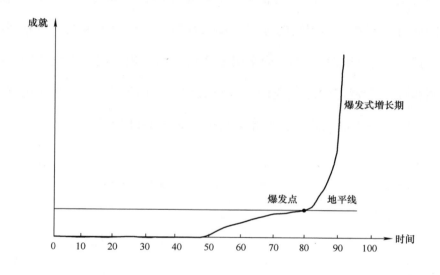

图 1-12　绘制地平线

身处积累期时，我们需要**重复、积累、耐心**，就像还未破土而出的竹子，要将自己的根牢牢扎入地下，为未来做准备。此阶段的它 4 年只能长 3 厘米。可一旦它破土而出，到达爆发点，就会以每天 0.5~2 米的速度疯狂生长。

行者知之成。对于如何建立复利思维有了认知后，我们还需要不断实践，在生活和工作中运用复利思维。愿你早日度过积累期，突破爆发点，迎来个人的爆发式成长。

1.3.4 长期思维：站在未来看现在

什么是"长期思维"？

"长期思维"是指我们在看待事物或解决问题时，要站在未来看现在，以更长远的视角看当下。此过程犹如下棋，大多数人下棋是走一步，看一步；高手下棋是走一步，看三步、四步，甚至更多步。高手多看的这几步，就是站在未来看现在。所以，高手总是能找到解决当下问题的最佳办法，最后赢得棋局。

乔布斯曾在一次演讲中提到过相似的思考方法，他说在自己 17 岁时读到过一句话："如果你把每一天都当作生命中的最后一天去生活的话，那么有一天你会发现你是正确的。"这句话给他留下了深刻印象，从那时起，他每天早晨都会问自己："如果今天是我生命中的最后一天，你会不会完成你想做的事情呢？"在连续多天得到"No"的答案后，他认为自己需要改变了。

乔布斯将"记住你即将死去"当成他的人生箴言，站在未来看今天。这个方法为他指明了生命中的重要选择，让他看清了真正重要的东西，明白所有的荣誉、骄傲、对难堪和失败的恐惧都会随着时间消逝，让他学会跟随自己的内心去过每一天，做他真正应该做的事情。

为什么站在未来看现在，能让我们在思考问题时更加清晰呢？因为只有站在未来的某个时间节点上看现在，才能清晰地看到哪些东西是真正重要的及应该优先去做的，才能真正看透事物的本质。

那我们如何站在未来思考问题呢？

我的方法是"三站一拉法"，如图 1-13 所示。

图 1-13 "三站一拉法"

1. 站到更远处看问题

"三站一拉法"的第一"站"是站到更远处看问题。什么是站到更远处看问题？

假设我们现在身处 L_1，有一个问题始终困扰着我们，要解决这个问题，我们可以站在 L_2，也就是 3 年、5 年或 10 年后看这个问题，如此便能更清晰地知道该如何解决这个问题，如图 1-14 所示。

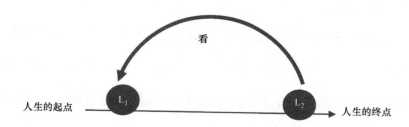

图 1-14 站到更远处看问题

例如，一位下属曾因为工作进入瓶颈期而提出辞职，他说自己很想摆脱现在的工作状况，换个行业重新发展。然而，当我问他"假如你已经换了一个行业，找到了新工作，5 年后你会有什么感受"时，他忽然沉默了，半晌才回道："我不想离开这个行业，我舍不得。"原来，他之所以想辞职，是因为他在工作上遇到了困难，他想不到解决方法，便想通过辞职来逃避。但当我让他设想他换了一个行业且有了新工作后的状况，他发现自己其实深爱现在的工作，不想离开这个行业。想清楚这一点后，他又重新拾起信心，开始积极工作，再也没提过辞职。

这就是站到更远处看问题带来的好处，它能将我们从当下的情绪中抽离出来，更加理性地倾听自己内心的真实声音，以更长远的眼光解决当下的问题，做出合适的选择。

2. 站到极远处看问题

"三站一拉法"的第二"站"是站到极远处看问题。什么是站到极远处看问题？

假设我们现在身处 L_1，有一个问题始终困扰着我们，要解决这个问题，我们可以站在极远的地方来看这个问题，如图 1-15 所示。

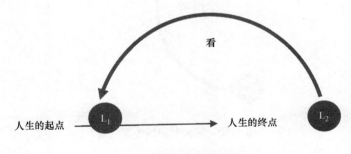

图 1-15　站到极远处看问题

例如，有人因为和相恋多年的对象分手而感到痛苦不已，不知道该怎么渡过这个难关。如果他能够站到极远处看问题，思考百年后的自己会是什么样，可能很快就会发现：百年后的自己早已归于尘土，眼下的痛苦根本不算什么。这就是站到极远处看问题的作用，它能让我们站在更宏观的视角思考问题，明白当下的问题与历史长河相比，不过是一粒毫不起眼的灰尘。这时，无须他人劝慰，我们就能解开自己的心结。

3. 站到时间线外看问题

"三站一拉法"的第三"站"是站到时间线外看问题。

站到时间线外看问题，实际上就是我们退出自己的时间线，看自己的问题。假设我们现在身处 L_1，可以站到时间线外到达 L_2，再去看自己的问题，如图 1-16 所示。

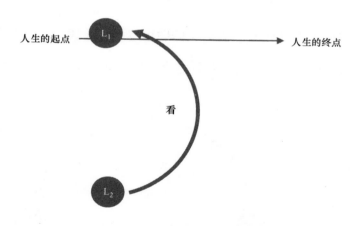

图 1-16　站到时间线外看问题

当站到时间线外看问题时，我们会看到什么？假设我们刚刚换了一份新工作，正处在适应期，工作任务繁重且困难，我们感到有些无所适从。此时，如果我们站到时间线外看这个问题，可能会发现，当下的困难只是我们前行道路上的小波折。人生道路还很漫长，还有许多未知的领域等待我们去探索。

从这个角度看问题，眼前的困境是否已经不再是问题，不再那么令人焦虑、痛苦呢？当我们站到时间线外看问题时，我们会变得更加冷静、平和，意识到人生还有很长的路要走，而问题总会得到解决。

4. 拉长时间线看问题

"三站一拉法"的一"拉"是拉长时间线看问题。

拉长时间线看问题，是指把解决问题的时间线拉长，把截止日期往后延，之后再去看问题。假设我们现在身处 L_1 处，问题需要在 L_2 处解决，那么我们可以把解决问题的时间线拉长到 L_3，站在 L_3 处看问题，如图 1-17 所示。

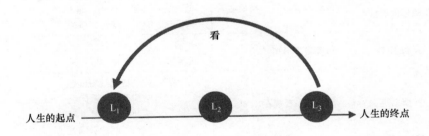

图 1-17　拉长时间线看问题

例如，我的一位下属自承接项目起便开始焦虑、紧张，担心自己做不好。这个项目周期为三个月，当进入第二个月时，项目进度稍稍落后，他的焦虑情绪愈发严重，甚至影响了他的睡眠。为了帮助他，我特意找他谈了一次话。我问他："假如这个项目的完成时间是一年，你觉得会有什么不同？"他松了一口气。我接着说道："我并不是说把这个项目的时间延长到一年，而是希望你明白，你其实拥有完成项目的能力，根本不需要如此焦虑。"

当我们把时间线拉长后再来看问题，就会发现很多问题都是可以解决的，只是我们给自己施加了太大的压力。拉长时间线看问题，能消除我们的焦虑与紧张，让我们拥有更稳定的情绪。

这就是长期思维，它是消除焦虑与恐慌的一剂良药，能让我们站在未来看现在。

我总结一下，如何破思维，向未来要策略，见表1-5。

表 1-5 破思维之术

破思维		做法
拆	拆掉思维里的墙	了解 判断
逻辑层次思维	普通人看行为，卓越者看愿景	低三层：环境、行为、能力 高三层：BVR、身份、精神
复利思维	知者赚，不知者亏	了解 重建
长期思维	站在未来看现在	"三站"：站到更远处看问题 站到极远处看问题 站到时间线外看问题 "一拉"：拉长时间线看问题

请注意，长期思维的建立不是一朝一夕能够完成的，不是使用"三站一拉法"思考一次后就能掌握的，我们要事事使用、时时使用，在训练中逐渐建立长期思维，不可急于求成。

思维模式的转变不会一蹴而就，需要一个训练和适应的过程，有时我们会下意识地陷入固定型思维模式之中。为了让大家始终保持成长型思维模式，我们可以在日常生活或工作中用成长型思维模式思考问题，见表 1-6。

表 1-6　保持成长型思维模式的行动清单

场景	换个说法		换种思维	
犯错后	原说法	我犯错了	原思维	我搞砸了，我不行
	现说法	犯错让我变得更好	现思维	这次做错了，我又学到了一招
成功后	原说法	已经挺好了	原思维	我已经做得足够好了，就这样吧
	现说法	这真的是我最好的表现吗	现思维	也许再努力一点，我还能做得更好
感到困惑时	原说法	我不明白	原思维	这太难理解了
	现说法	我忽略了什么吗	现思维	只要把漏掉的信息找出来，我肯定能想清楚
想放弃时	原说法	我放弃了	原思维	我的能力太差
	现说法	我得试试其他方法	现思维	问题没有方法多，我再换个方法就好了
否定自己时	原说法	我看不懂	原思维	我没有读书的天赋
	现说法	我要提升我的阅读能力	现思维	只是训练量不够而已，不如坚持练习一段时间看看
遇到挑战时	原说法	我不擅长做这个	原思维	我做不好这些
	现说法	我正在成长	现思维	我现在可能做不好，但没关系，不断尝试和学习后我会做得越来越好
遇到困难时	原说法	这太难了	原思维	这太复杂了，我不可能完成
	现说法	我可能需要更多的时间和精力才能完成	现思维	只要花足够的时间和精力，一切皆有可能

正如马可·奥勒留在《沉思录》里写的那样："生活的艺术更像是摔跤，而不像是跳舞。"人生在世，不会处处顺心如意，与其抱怨，不如改变。行动得越早，痛苦越少。

小试牛刀

本节练习
1. 请你判断自己是否有固定型思维模式。

2. 如果你有固定型思维模式，如何拆掉思维里的墙？

3. 请你运用逻辑层次思维分析你为什么会讨厌某一事物。

4. 请你运用复利思维寻找你需要做的、能产生复利效应的事。

5. 请你运用长期思维，站在未来思考当下的工作，分析未来你该如何发展。

第 2 章

战略力

做出对的选择

导读

干出成绩要修炼的第二种能力是战略力。

战略决定了我们的发展方向。**如果我们的战略对了，哪怕战术有瑕疵，最后的结果也不会太差。** 如果我们战略错了，即使我们的战术再完美，最后的结果也不会好。

1. 什么是战略力

提到诺基亚，很多人的印象大概还是那家在功能手机时代称霸全球，但在智能手机时代迅速没落的企业。到底是什么让诺基亚急速溃败？

诺基亚并不缺少洞察市场、拥有远见卓识的人才，可为什么当时诺基亚会对潜在的危险信号视而不见呢？

诺基亚早期的巨大成功来自企业经营者及时把握市场趋势、抓住时机，两次对企业战略进行调整。第一次战略调整为其后来的霸主地位奠定了基础；第二次战略调整则是聚焦"移动电话"。而诺基亚的失败也源于在战略上犯了重大错误，做出了错误的选择。21 世纪早期，诺基亚坚信通过在手机和移动通信网络技术上的创新和研发投入，可以保持诺基亚在手机行业的核心竞争优势。诺基亚的战略是在手机行业构建"护城河"——通过高科技，把竞争对手拒之门外。

这一战略后来被联发科、高通等企业，以向市场提供价格低廉的芯片组和智能手机平台解决方案打破。新的手机厂商如雨后春笋般涌入手机市场，这些新晋竞争对手不在无线通信技术的研发上进行大量投资，而是直接购买芯片组进行组装。诺基亚积累的核心竞争优势在极短的时间内被瓦解了。

由此可见，导致诺基亚最终在新的竞争格局下急速溃败的主要原因就是企业经营者的战略决策失误。用一句话总结诺基亚早期的成功和后面急速溃败的原因便是：**成也战略，败也战略。**

很多人把"战略"理解得非常宏大，认为"战略"是企业经营者才需要考虑的问题。实际上，任何一个人，无论做什么，都需要战略。**"战"解决的是我们选择"做什么"的问题，代表的是发展的方向，是我们未来的样子；"略"解决的是我们选择"不做什么"的问题，代表的是我们做事的边界、底线、原则。**

战略力就是我们选择做什么、不做什么的能力。战略力就是做出对的选择的能力。

2. 为什么要修炼战略力

原因很简单，没有战略力的人往往会陷入一个误区：**战略上的懒惰可以用战术上的勤奋来弥补。**

什么是"战术勤奋"？

"战术勤奋"是指我们在做事时，不问"为什么"，没有方向和目标，遵循"先干——再改——再干"的顺序做事。只顾低头赶路，从不抬头看天，结果越勤奋越失败。**方向不对，努力白费。**

人生最大的悲哀，莫过于将一辈子的聪明都耗费在战术上。当我们抬头看时，发现我们的职业或行业发展趋势已经衰退，或者社会价值与个人价值都很低，或者前进的方向错了。要知道，**勤奋的前提是方向正确**。

为什么我们容易陷入"战术勤奋，战略懒惰"呢？

因为人容易趋利避害。当两件事同时摆在我们面前时，相比需要动脑子的战略，我们往往会选择先做一件不需要思考的事，即使做这件事很耗时。我们没有意识到，我们只是在用时间制造勤奋的假象。我们每天安慰自己："我很努力。"事实上，每天的收获微乎其微，待检验结果的时刻到来，这种勤奋的假象一戳就破。

真正的勤奋是在战略上用心。我们要把决定事业方向与成败的战略视为头等大事，在战略上多动脑子、多选择、多比较，不怕麻烦，力戒"战略懒惰"。

没有战略力的人，就像一艘没有舵的船，只会在原地转圈。**修炼战术，能帮助我们打赢一场战斗；修炼战略力，能帮助我们打赢人生这场持久战**。

3. 哪些人需要修炼战略力

你可能认为，只有企业经营者或"大人物"才需要修炼战略力，普通人不需要修炼战略力。

事实上，**人人都需要修炼战略力**。

对于企业经营者来说，排在第一的能力就是战略力。企业经营者具备战略力才能让企业实现可持续发展。在企业发展初期，企业经营者需要用战略力来决定企业该做什么和不该做什么，打造企业的特色产品；在企业发展中期，发展速度放缓，企业经营者需要用战略力来选择如何提升发展速度，如何塑造企业文化、加强企业管理；在企业发展后期，企业经营者需要用战略力来为企业谋求新的发展，寻找新的突破点。

对于基层、中层管理者来说，具备战略力才能管好团队、做出成果。拥有战略力，基层、中层管理者才知道团队应该朝着什么目标努力，团队中的哪些人可以培养、哪些人需要舍弃。

对于职场人士来说，自己具备战略力才能做好职业规划，明确发展方向。拥有战略力，职场人士才能做好自己的职业规划，明确自己未来想成为什么样的人，选择与之匹配的路径、方法。

对于所有人来说，具备战略力才能做好人生中的每一次选择。

4. 如何修炼战略力

许多人一听到"战略力"三个字，就不愿深入了解。实际上，"战略力"确实是一项难以在短时间内修炼和提升的能力。在经营企业的过程中，为了修炼战略力，我阅读了大量书籍，并与众多人士进行了交流，这个过程充满了挑战和艰辛。

为了让大家在修炼战略力的过程中不感到痛苦，我从浩如烟海的战略著作中，结合自己经营企业、经营人生的经验，去粗取精，小心翼翼地论证，总结出了一个人人都能懂、人人都能上手练习的修炼战略力的方法，将其称为"战略力修炼三绝"。"三绝"是指我们修炼战略力的三大绝招，分别为找定位、做取舍、建标准，如图 2-1 所示。

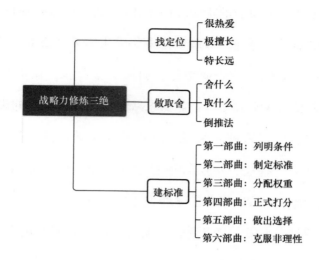

图 2-1　战略力修炼三绝

　　凡事过犹不及，虽然战略力对我们很重要，但我们**不能只讲战略不落地，要用战略结合战术**，才能干出成绩，拿到结果。

2.1　找定位：很热爱 + 极擅长 + 特长远

　　高露洁在中国市场的成功秘诀可以归纳为：抢先占领"预防蛀牙"这一市场定位。20 世纪末，大部分牙膏品牌都着重在"洁白牙齿""清新口气"上做文章，高露洁敏锐地洞察到随着生活水平的提高，消费者对预防蛀牙的需求必然增强。于是，高露洁迅速进入中国市场，抢占"预防蛀牙"这一定位并在牙膏市场中占据领导地位。几年以后，佳洁士才意识到这一点，并投入了比高露洁更多的预算来攻占"预防蛀牙"这一市场定位，结果却屡屡落败。因为在消费者心中，高露洁已成为"预防蛀牙"的代名词。后来，佳洁士在意识到这个问题后退了下来，重新调整了方向，将更多的资源投向了"洁白牙齿"这一市场定位。

被称为"竞争战略之父"的哈佛商学院大学教授迈克尔·波特表示："战略来源于定位，战略就是创造独特的、有利的价值定位，并据此定位设计出不同的运营活动。"无论是企业，还是个人，只有找准了定位，才会有价值主张，才知道什么是正确的事。管理大师彼得·德鲁克说："弥补短板只会让你平凡，找准定位才能实现卓越。"所以，修炼战略力的第一个绝招是：找定位。

"定位"是针对竞争确立我们的优势位置。有了定位，我们在竞争中才有优势，才有生存和发展的方向。

我们要如何找准自己的定位呢？我分享一个找准定位的公式：

正确的定位 = 很热爱 + 极擅长 + 特长远

依照这个公式去做，我们就能找准定位。

2.1.1 很热爱

美国作家丹尼尔·平克在《驱动力》一书中，把人类做一切事情的动力归纳为三大类，如图 2-2 所示。

其中，"生物性驱动力"被称为驱动力 1.0，是一种低维驱动力，主要源自人类生活、生存的本能；"外在动机驱动力"被称为驱动力 2.0，是一种中维驱动力，主要源自外界的反馈和监督；"内在动机驱动力"则被称为驱动力 3.0，是人类最高维、最重要的驱动力，主要源自内在的兴趣、使命感和存在感，强调的是不断驱动自己前进，绝非外界强加，对人的创造性和创新能力都有巨大的促进作用。

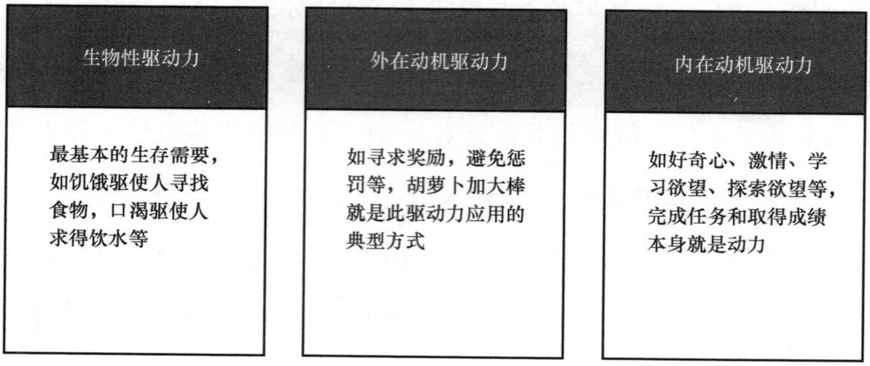

生物性驱动力	外在动机驱动力	内在动机驱动力
最基本的生存需要，如饥饿驱使人寻找食物，口渴驱使人求得饮水等	如寻求奖励，避免惩罚等，胡萝卜加大棒就是此驱动力应用的典型方式	如好奇心、激情、学习欲望、探索欲望等，完成任务和取得成绩本身就是动力

图 2-2　人类做事情的三大驱动力

丹尼尔的理论启示着我们：热爱是人最大的动力。找准定位的第一个关键点是找到我们热爱的事物。我们可以问自己：什么是自己很热爱的？请注意，**光热爱还不够，一定要很热爱**。

在沃伦·巴菲特自述的"成功八大秘诀"里，排在第一位的就是"找到你所热爱的"。巴菲特在七八岁时就意识到自己对于投资的热爱，并决定用一生的时间去参与和享受他热爱的"游戏"。7 岁时，巴菲特开始阅读关于投资和股票的书籍；11 岁时，巴菲特购买了第一份股票……巴菲特在其一生中投资的股票众多，几乎每一次投资都可以成为投资界教科书般的例子。例如，巴菲特为了苹果公司打破不投资科技企业的惯例，在建仓苹果股票后一路加持。他对此表示："苹果已不再是科技股，而是几乎人手一部 iPhone 的消费股。"

凭着自身的天赋以及对投资事业的热爱，巴菲特这一生获得的财富和声望达到了大多数人望尘莫及的境界。2011 年 2 月 15 日，巴菲特获得象征美国最高平民荣誉的自由勋章；2017 年 3 月 21 日，福布斯公布全球富豪榜单，巴菲特排第 2 名。

巴菲特说："如果你能找到你的热爱所在，那是你一生的幸运。我有 60 年都是跳着踢踏舞去工作的，因为我做的是我很热爱做的事，我感觉很幸运。"当我们找到了自己热爱的事，就会为做好这件事拼尽全力，并且在拼尽全力的过程中获得满足感和价值感，形成正向循环；反之，如果我们做了自己并不热爱的事，我们便失去了做事的内在驱动力，我们做成事的概率就会变低，因为我们不会为其付出全部努力。我们必须很热爱某件事才能把它做好。**热爱，是一切事物发展的内生动力。**

在现实中，我们在做人生选择或决定是否要做一件事、是否要进入某个行业时，往往都会受到"外在动机驱动力"的影响，而非受到"内在动机驱动力"的影响，我们更多考虑的是下面这些问题。

- 这个选择可以让我快速加薪升职吗？

- 这个行业赚钱吗？

- 这份工作辛苦吗？

- 这份工作未来的发展前景好吗？

- 这份工作能让我过上安稳的生活吗？

……

如果这也是你的真实写照，我建议你在做决定之前好好思考一番，问一问自己："这件事情是我热爱的吗？这份事业是我热爱的吗？"当你弄清楚了自己真正热爱的事后再出发，你会发现世界不一样了。

很多人可能会说："我不知道自己热爱什么。"

我们要认清一个残酷的现实，你不知道自己热爱什么，是因为你没有找到成就感，没有获得别人的认可。事实上，我们会因为热爱而投入，越投入，在这件事上就会得到越多的认可和喜爱，形成一个热爱飞轮，如图 2-3 所示。

这种认可和成就感会激发你更加努力地付出，从而形成一个成长飞轮。很多人根本没有进入成长飞轮，因为投入和付出还不够，可能只是浅尝辄止或中途放弃。但如果你坚持下去就会发现，越投入越热爱，越热爱越投入。

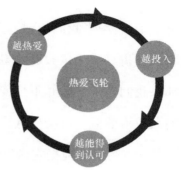

图 2-3   热爱飞轮

所以，当你不知道自己热爱什么时，可以从一个小兴趣出发，以此为起点去激活热爱飞轮，从小兴趣到热爱，从小进步到大成就。而你唯一要做的就是全力投入，持续努力，并长久地坚持。

最后，我想把乔布斯 2005 年在斯坦福大学毕业典礼上发表演讲时说的一句话送给大家："成就大事的唯一方法就是热爱自己所做的事。如果你还没有找到，那么就继续找，不要停下来。"

2.1.2   极擅长

找准定位的第二个关键点是：我们是否极擅长？

如果说很热爱是做成事的底层逻辑，极擅长就是做成事的催化剂。**每个人至少有一件事，天生就做得比 10000 个人厉害。**记住，稍微擅长或很擅长还不够，一定要是我们极擅长的事情。

比如，两个同样热爱文字工作的人去做文案工作，其中一个人既不是相关专业毕业也毫无从业经验，而另一个人中文专业毕业且已有 5 年文案工作经验，在相同的时间里如果付出一样的努力，谁更容易做出成绩呢？显然是后者。

很多人容易把热爱与擅长混淆，它们是有很大区别的。热爱是我们愿意花费很多精力去做的事情，而擅长是我们的天赋、优势、专长，是我们不需要花费太多精力就能做得很好的事情。

如何找到自己极擅长的事情呢？

第一步：弄清"优势分类"。"极擅长"可分为身外优势和自身优势，见表 2-1。

表 2-1　优势分类

优势分类	细分优势	优势事项
身外优势	时间优势	年轻、能投入的时间多等
	背景优势	家庭背景、社会背景、行业背景等
	资源优势	人脉广、认识行业大咖、熟悉渠道、掌握某项核心技术、拥有基数庞大的粉丝群体、拥有雄厚的创业资本等
自身优势	能力优势	技术能力、思维能力、表达能力、写作能力等
	经验优势	熟悉行业、有过相关从业经验等

需要强调的是，"极擅长"的事情并不是一成不变的，原因有二。一是身外优势会随着阅历、年纪、经验的增加而增加。比如，我们是刚毕业的学生，可能毫无工作经验，但随着工作年限的增长，我们会逐渐掌握一些职场技能、获得一些职场资源。二是自身优势也可以通过不断努力持续加强。它不是与生俱来的，是可以通过后天的努力培养出来的。假设我们原本不具备很强的演讲力，但我们肯学、肯练，假以时日演讲也会变成我们极擅长的事情。

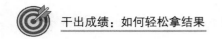

第二步：罗列优势。将自己的身外优势和自身优势一一罗列出来。通过罗列，我们可以发现自己擅长的事情。

- 时间优势：刚满 25 岁，有充足的时间学习知识、积累经验。
- 背景优势：父母都是 A 领域的专家。
- 资源优势：父母能提供一笔创业资金，并且认识不少 A 领域的专家学者。
- 能力优势：顶尖大学相关专业毕业，对 A 领域的知识有较深的理解。
- 经验优势：曾经参与过多个 A 领域的项目。

第三步：询问自己以下三个问题。

- 哪些事你不用很费力就可以做得很好？
- 别人要做哪件事时首先会想到你？
- 你曾经刻意练习的事是什么？

通过对自己进行多维度拆解，最后得出权重最大的核心能力项，它就是极擅长的事情。

一个人所擅长的技能是从实践中培养出来的。若不付诸实践，我们永远也不知道自己擅长什么，不知道自己的优势所在。因此，当我们无法找到自己极擅长的领域时，应当勇敢地投入实践，只有实践才能帮助我们找到并培养自己的优势。

2.1.3 特长远

找准定位的第三个关键点是：这件事是否能长远地做下去？找到了

很热爱且极擅长的事情后，我们还要思考这件事能否特别长远地发展下去。定位于能够长远发展下去的事情，才能让我们持续干出成绩、拿到结果。

柯达的定位是胶卷，给客户提供世界上最好的胶卷是它的独特价值。这一定位本身并没有错，只是时代变了，柯达的定位却没能跟着改变，导致这家曾经辉煌、一度近于垄断全球胶卷市场的企业，因为数码时代来临，市场严重萎缩，业绩大幅下滑，股价大跌。2004 年 4 月，柯达从道琼斯 30 种工业股票平均价格指数成分股中被剔出，而它进入成分股的时间是 1930 年。

柯达的真正悲剧在于它的坠落几乎如宿命般无法避免。虽然有专家称，柯达未能及时转型，导致企业没有踏上数码时代的节拍，但问题在于，即使柯达能够预测到未来，也不能改变从垄断地位坠落的结果。因为数码成像与传统影像在技术上大相径庭，在数码相机的竞争性市场中，柯达已经不再是行业龙头。柯达的坠落很有典型性，对于企业和个人来说，最大的风险有时候并非来自行业，而是来自时代的变迁。时代的变迁对原有市场的冲击很可能是颠覆性的。数码成像与传统影像已不是竞争关系，而是"改朝换代"。一旦遭遇这样的风险，企业或个人任何的努力、挣扎，在不可逆转的"宿命"面前，都会显得无力。

比如，十年前，当我们掏出钱包，拿出现金或银行卡付款时，大约不会想到十年后的今天出门只需一部手机就可以搞定所有支付；十年前，当我们打开电视看到那些明星时，可能也不会想到十年后的今天作为普通人的我们也有机会成为"流量"。毋庸置疑的是，在任何行业链中，一旦某个链条有大幅提高效率的新技术，这个领域的核心竞争力就会发生变化。而核心技术的变化，又在一定程度上决定了行业的兴衰和个人的未来。这也意味着，我们在找定位时，必须具有未来意识和全局意识，能够敏锐地洞察未来的发展趋势，从而保证自己能够长远地发展下去。

未来充满不确定性，我们都没有未卜先知的能力，该如何判断一件事是否可持续呢？

可持续的事有以下两大显著特征。

- **高需求**：你今天做的事，是否会一直被需要？
- **不可替**：你今天做的事，会被取代吗？

在找定位时，考虑宏观环境、商业周期、社会趋势这些变量的影响，初衷很简单，那就是如何更好地被这个社会所需要，成为一个更好的贡献个人价值的人，获得市场给予的经济回报和社会给予的精神回报。这就是为个人发展方向找定位的最大意义：**我们不是为了定位而定位，而是为了实现人生理想去定位**。定而后能静，静而后能安，安而后能虑，虑而后能得。

最后总结一下找准个人发展方向定位的三个关键点：很热爱、极擅长、特长远。这三个关键点缺一不可，只有同时符合很热爱、极擅长、特长远才是正确的定位，如图 2-4 所示。

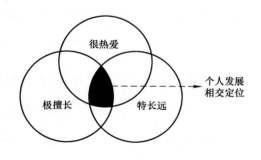

图 2-4　正确定位的三个关键点

小试牛刀

本节练习

1. 请你根据本节介绍的方法，找到自己"很热爱"的事，并写下来。

2. 请你根据本节介绍的方法，找到自己"极擅长"的事，并写下来。

3. 请你根据本节介绍的方法，找到自己能够"特长远"地做的事，并写下来。

4. 综合以上三个练习的答案，请你找到个人发展方向定位，并写下来。

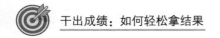

2.2 做取舍：舍九取一，单点破局

战略力是做出对的选择的能力。那么，选择的本质是什么？

选择的本质是取舍。没有绝对正确的选择，只有相对适合与更优的选择。身处充满不确定性的时代，每一个阶段都有复杂的选择，我们需要用战略的确定性来应对外部世界的不确定性，尽量保证方向的大致正确。所以，修炼战略力的第二个绝招是做取舍。

选择的本质是取舍，我们应该如何做出取舍呢？选 A 还是选 B？走大路还是抄小道？这需要我们理解"舍九取一"——**取舍的核心**。它不仅是我们修炼战略力的核心抓手，也是取舍的最高境界。

什么是舍九取一？ 19 世纪末，意大利经济学家维尔弗雷多·帕累托发现了商业领域的基本法则之一，即"二八法则"。他认为，在任何一组东西中，最重要的只占其中的一小部分，约为20%，其余的80%尽管是多数，却是次要的。"二八法则"的应用非常广泛：世界财富的80% 基本被20% 的人拥有；在成功的道路上，20% 的人会选择坚持，80% 的人会选择放弃；一个组织中，20% 的人是重要的，80% 的人是不重要的；在一家企业中，20% 的人才通常会创造80% 的业绩。

依照"二八法则"，我们也可以推理10% 是重要的，90% 是不重要的；又或者，1% 是重要的，99% 是不重要的。**舍九取一是要事第一，是优中选优，是找到最重要的"一"，一次只做一件事。**如何舍九取一？我们应该"舍"什么，又该如何找到最重要的"一"呢？

2.2.1　舍什么：舍掉不重要的"九"件事

舍九取一是指舍掉 99% 的杂事，将精力集中在一件重要的事上，发挥优势，实现突破。**舍九取一之道在于舍掉不重要的"九"件事，聚焦于重要的"一"件事，取长去短，单点破局**。这里的"九"并非实际意义上的九件事，而是泛指，可能是 3 件事，也可能是 12 件事。

如何"舍"？"舍"的关键在于明得失，克贪欲。

我们在进行任何取舍之前，可以问自己两个问题。

- 我将来想要什么？

- 我现在愿意为此放弃什么？

这两个问题的答案决定了我们最终的取舍。

有得必有失，舍与得是一枚硬币的两面，相辅相成，缺一不可。这就好像我们看到自己的面前出现了两只又肥又大的兔子，如果两只都抓，我们的时间、精力就会分散，结果可能一只也抓不到。舍九取一就是要明白有所得，就会有所失。如果我们选择创业，就要放弃安逸的生活；如果我们选择做高端市场，就要放弃低端市场；如果我们选择在大城市打拼，就要放弃小城市的舒适；如果我们选择考一所好大学，就要放弃对游戏的沉迷；如果我们选择背上行囊去远方，就要放弃当下的岁月静好。

那么，为什么我们总是难以"舍"呢？

因为我们往往鱼和熊掌都想得到，渴望一次满足所有需求。**我们总是"既要……又要……还要……"**。

- 我们既要企业快速增长，又要企业可持续发展，还要少操心。

- 我们既要高效完成工作，又要有自己的生活，还要诗和远方。

- 我们既要一位能赚钱的伴侣，又要其能顾家，还要其长得好看。

结果是**菜多而不精，贪多而嚼不烂**。我们想要得到高回报，却不愿意承担高昂的成本；我们想要吃苹果，却不愿承受播种的辛苦。就像《拉封丹寓言》中那只著名的布利丹毛驴，它面对两捆干草，不知道该选择哪一捆，最后竟然在犹豫和愁苦中饿死。

我们应该如何克服自己内心的贪欲呢？

每个人对得失的判断标准不同，在面对同样的事情时，每个人的取舍也不同。但不管是什么取舍，核心标准只有一个，即一切取舍的判断以未来长期回报为主。只要不具备长期回报的特点，即使眼前的利益再多都不能干。因为眼前的利益与未来的利益相比，微不足道。

例如，一只母鸡和 100 个鸡蛋，我们要如何取舍？你认为现实中的大多数人，在做取舍的时候是舍掉一只母鸡还是舍掉 100 个鸡蛋？可能你会说："一定是舍掉 100 个鸡蛋。"

当我们在读这些文字时，我们知道要舍掉 100 个鸡蛋。但在现实中，面对同样的取舍题时，90% 的人却选择舍掉了母鸡。为什么？因为在当下，100 个鸡蛋看起来比母鸡更划算。大多数人在做取舍时，会选眼前能看到、得到的利益。未来是不确定的，谁能确保母鸡会下 100 个鸡蛋？万一母鸡生病了怎么办？万一母鸡被人偷走怎么办？选母鸡意味着要面临诸多风险和不确定因素，而鸡蛋可以立即获得。这就是大多数人"舍母鸡取鸡蛋"的原因。

战略力低的人在做取舍时戴着"近视镜"，鼠目寸光；战略力高的人在做取舍时戴着"望远镜"，高瞻远瞩。

　　1997 年 7 月，苹果公司在连续四个季度亏损后，企业董事会决定请阿梅里奥离开，以特约顾问身份进入苹果公司的乔布斯开始接管。当时，苹果公司的产品线极其宽泛，从喷墨打印机到牛顿掌上电脑，大约有 40 种产品品类，并且不同型号的产品之间的差异很小，用户若想从中选出自己心仪的产品实属困难。这时，乔布斯开始思考用户真正需要的产品是什么。

　　在一次大型的产品战略会议上，乔布斯大笔一挥，在白板上画了一横一竖两条直线，做了一个简单的四格表，见图 2-5。

图 2-5　乔布斯的"四格战略"

　　在横线的上方分别写着"台式"和"便携"，在竖线的两侧分别写着"消费级"和"专业级"。这样两两组合就是四款产品。然后，乔布斯告诉大家，苹果公司现在要做减法，只专注做四款伟大的产品。当时整个会议室里鸦雀无声，大家都被乔布斯大胆而充满创意的"四格战略"震撼了。后来，当乔布斯把这个想法告诉董事会时，现场同样鸦雀无声。他们对乔布斯的战略起初并不认同，因为苹果公司的竞争对手们正在不断推出越来越多的产品，挤压苹果公司的市场空间，如果此时大幅削减产品，岂非自废"武功"？

乔布斯坚持自己的想法，坚定地认为要舍掉其他的东西，聚焦产品。企业经营中有很多抓手，比如技术、管理、销售、资本等，但在跟产品的比较中，每一次乔布斯都选择了产品。在随后的几年里，乔布斯毅然减掉 70% 的产品线，重点开发四款产品，使得苹果公司扭亏为盈，起死回生。我们再简短地回顾一下乔布斯的舍九取一。

- 企业或产品？产品。
- 管理或产品？产品。
- 技术或产品？产品。
- 销售或产品？产品。
- 资本或产品？产品。

……

乔布斯舍掉不重要的，集中所有精力和资源在产品上的做法，是乔布斯领导苹果公司登上巅峰的不二法门，如今的企业经营者们也纷纷效仿。

产品、战略需要做减法，工作、人生也一样，舍掉不必要的事，是为了专注于最重要的事。舍掉不必要的事，实际上是在有限的时间和资源里为我们的生命增值。它让我们意识到自己的行为方式与思维模式，重新与内在的自我建立深度联结，重新梳理人生与事业的优先级，从而达到人生的最佳状态。

世界上有两种人注定无法取得成功。

第一种人是不做取舍的人。这种人没有战略力，缺乏战略思维，容易被他人的意见左右，盲目跟随他人做取舍。比如，有些年轻人，在父母的安排下不断地相亲，并听从父母的意见结婚、生子等，从来不去思考自己的人生，最终在迷茫中浑浑噩噩地过完这一生。

第二种人是取舍太多的人。这种人在做取舍时会不断计算眼前的得失，看不到长远的目标，往往难以定下心来坚持做一件事。尽管他们一开始找准了自己的定位，但在面对更多的利益时，就会放弃原来的选择。我们经常看到有的人能力很强，但不扎实，什么火做什么，取舍太多，计算太多。这种人有"小聪明"，却缺乏大智慧，即使偶尔运气好获得成功，最终也会因为定力不足，无法持续获得成功。

什么样的人能成功呢？答案是那些做出正确的取舍后，明确方向并为之持续努力的人。我们要**智慧地取舍，傻傻地行动。做取舍时，我们要像智者一样不断思考、总结、反思；做完取舍后，我们要像机器、工具一样，全身心地投入，持续地努力。**这样，我们才能够在人生道路上取得成功。

在舍弃的过程中，"舍"之前要理性判断，明得失，克贪欲；"舍"之后要投入感性的努力，聚焦，聚焦，再聚焦。这便是"舍"的道与术。

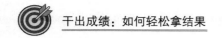

2.2.2　取什么：只取"一"件事

舍九取一，舍掉了不重要的九件事，"取"什么？

取"一"是指选择最重要的一件事。在《最重要的事只有一件》一书中，作者加里·凯勒用他的亲身经历告诉我们他是如何从"做很多事"到"只做一件事"，从而获得事业成功的。

加里·凯勒最初创业时可谓一帆风顺，用10年时间带领企业取得了不小的成就。当他以为企业会这样持续发展下去，把业务从本区域拓展到全国时，企业突然陷入了困境——业务量直线下滑。他做了各种努力和尝试，业务始终没有起色。就在他一筹莫展时，他的老师为他指明了方向。老师问他："你觉得要扭转现状，需要做些什么？"他不明所以，老师给他写下了14个关键职位，接着说道："你只需要做一件事就能扭转整个企业的尴尬处境，那就是把我标记出来的14个关键职位指派给真正能够胜任的人，只要你选对了能胜任这14个关键职位的人，整个企业就能朝好的方面发展。"

加里·凯勒十分惊讶，不敢相信解决问题的方法竟然这么简单，只是找到14个关键职位上的人。他有点不解地询问老师："这个解决方案是不是应该再复杂点？多做几件事来扭亏为盈会不会比较保险？"老师斩钉截铁地回答道："不需要。耶稣只需要12个门徒，而你只需要14个人。"思虑再三，他决定听从老师的建议，先把自己解雇，从CEO的位置上退下来，然后专心去找适合那14个关键职位的人。果不其然，这14个人上岗后，在不到3年的时间里，扭转局面，让企业实现了持续盈利，并且利润连续10年以40%的速度增长，企业从一家区域性企业成长为一家全国性企业。

就在加里·凯勒认为企业能够从全国性企业成长为世界性企业时，新的问题又出现了：这 14 个人虽然能够完成大部分工作，但有时候会分不清主次，最重要的工作反而没能完成，使企业的整体经营陷入困境。这次，他从上一次的解决方案中汲取经验，决定简化这 14 个人的工作，从让他们每周需要做几项工作简化到每周做最重要的三项工作，再到每周做最重要的两项工作，但效果并不明显。最后，加里·凯勒决定让他们每周只做最重要的一项工作，不再耗费时间和精力在其他工作上。很快，企业业绩直线上升。

有了这两次陷入困境的经验，加里·凯勒总结成败与行为之间的关系，意识到：**每次企业获得巨大成功的时候，都是他做了减法，只做一件事的时候。**发现这个成功的秘诀后，加里·凯勒把"只做一件事"运用到自己的企业经营、工作和生活中，并取得了卓越的成绩。

如果我们把时间看成一个人的原始资本，每个人的原始资本都是 24 个小时，那些战略力高的人是如何分配他们的原始资本并获得更多收益的呢？

答案是：战略力高的人的**所有行为和精力都紧紧围绕着他们的目标，他们能干出成绩是因为他们做了减法，在某一个时间段里只做一件事。**事实上，无论是工作还是生活，我们想要拿到结果，就要对事情做减法，对事情进行权衡、筛选，不断思考，直至找到最重要的那件事。

"只做一件事"看起来很简单，却有违大多数人的思维方式。因为大多数人认为想要干出成绩，拿到结果，就要把计划安排得满满当当，目标或事情越多越好。问题是无论我们的精力多么充沛，睡眠时间多么少，也无法改变每天只有 24 个小时的事实。**不断增加的目标或事情，往往只会带来一个结果：效率降低，从而拿不到结果。**

时代的大门向每个人敞开，无数机会悄然出现在我们身边。这既让人兴奋，又让人无所适从——我们不知道哪个机会是真正适合自己的，在茫然中，或许受他人影响，被裹挟着做了很多事，尝试了很多次，但得到的回报却太少了。**少即是多**，我们已经明白了这一点，但问题是，在面对诸多选择和机会时，我们到底如何取舍才能做出真正有利于我们的选择呢？

答案是：**在某个时间段内只做一件事。**

王阳明说："吾辈用功，只求日减，不求日增。减得一分人欲，便是复得一分天理，何等轻快洒脱，何等简易。"减负而行、舍弃浮华，才能坚守情怀，才能拥有内心的富足和安宁。

从现在开始，摒弃下面这些阻止我们成事的观点，一次只做一件事。

- 每件事都很重要。
- 同时处理多件事。
- 平衡生活的各个方面。
- 多就是好。

2.2.3　倒推法，找到"一"

既然只做一件事如此重要，我们应该如何找到自己的"一"呢？

我有一个非常实用的建议：采用"倒推法"，找到"一"。具体实践是：我们首先要思考自己的长期目标，然后一步步往回倒推，问自己六个问题，直到倒推出现在自己应该做的最重要的一件事。

- 为了实现长期目标，我 5 年内应该做的最重要的一件事是什么？
- 为了实现 5 年目标，我今年应该做的最重要的一件事是什么？
- 为了实现今年的目标，我本月应该做的最重要的一件事是什么？
- 为了实现本月的目标，我本周应该做的最重要的一件事是什么？
- 为了实现本周的目标，我今天应该做的最重要的一件事是什么？
- 为了实现今天的目标，我现在应该做的最重要的一件事是什么？

通过从长期目标倒推到今天的目标，我们能够逐一得到近 5 年、今年、本月、本周、今天、现在应该做的最重要的一件事是什么。反过来通过做这些事，我们又能逐步实现今天、本周、本月、今年、5 年和长期目标，一件小事就这样一步步做大。整个过程犹如推倒多米诺骨牌，一旦推倒第一张牌，所有的牌会依次倒下，最终达成目标，如图 2-6 所示。

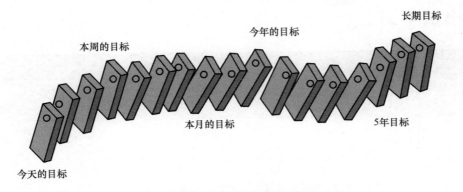

图 2-6　倒推法引起的多米诺骨牌效应

　　或许有人会问："我是否能跳过中间步骤，直接根据长期目标思考现在应该做的最重要的一件事是什么？"当然不行。因为长期目标往往比较宏大，根据大目标无法直接得出现在应该做的最重要的一件事，只有从大到小层层推进，才能把大目标和当下的要事联系起来。

　　通过倒推法，我们可以确定在每个阶段应该做的最重要的一件事是什么。一旦找到这个"一"，其他事就会变得简单或不再重要。我们只需专注于最重要的那件事，聚焦于"一"即可。简而言之，一旦我们知道自己要做什么，确定目标后，下一步就是付诸行动。

　　舍九取一可以应用于我们生活的各个方面，大家可以用上述方法来做出明智的取舍。找到最重要的"一"后，聚焦"一"，实现单点破局。当你深入思考"我生命中最重要的一件事究竟是什么？哪件事能让其他的事都变得不再困难、不再重要"时，实际上，你就是在运用舍九取一的方法来锁定目标或方向，并做出正确的选择。

小试牛刀

本节练习
请你回答下列问题，找到你现在应该做的最重要的一件事。 1. 为了实现长期目标，我 5 年内应该做的最重要的一件事是什么？

（续）

本节练习
2. 为了实现 5 年目标，我今年应该做的最重要的一件事是什么？
3. 为了实现今年的目标，我本月应该做的最重要的一件事是什么？
4. 为了实现本月的目标，我本周应该做的最重要的一件事是什么？
5. 为了实现本周的目标，我今天应该做的最重要的一件事是什么？
6. 为了实现今天的目标，我现在应该做的最重要的一件事是什么？

2.3 建标准：量化选项，理性选择

我给大家出一个选择题："在数字 5 和 10 中选择更大的那个数字，你会选哪个？"你会脱口而出："选 10！"为什么你会毫不犹豫地选择

数字 10？因为这个问题有明确的标准，而且选项可以被量化。

但在现实中，我们面临的选择往往是复杂的，很难有统一的衡量标准。比如，当两家企业同时录用你时，企业 A 给的工资高，企业 B 的上升空间大，你该如何选择？选择企业 A，意味着你将获得高薪，但未来发展前景不明朗；选择企业 B，意味着你将拥有更大的职业发展空间，但当下能拿到的薪资相对较少。面临这样的抉择，你可能会陷入纠结，不知道该如何做出最佳选择。

选择之所以显得困难，是因为缺乏明确的选择标准。**我们看似是在做选择，其实是在找标准**。如果我们有明确的选择标准并能将选项量化，那么我们面临的所有选择都会一目了然。

战略的落地就是标准。因此，修炼战略力的第三个绝招是建标准，量化选项，使选择变得简单且科学。

下面我以"选择工作"为例，分享如何建标准，量化选项。假设现在分别有 A 和 B 两家企业向我们抛出了橄榄枝，两家企业提供的工作岗位都是文案，我们应该如何选择呢？

2.3.1 第一部曲：列明条件

或许有心人已经发现了问题：在上述问题里，没有说明两家企业分别开出了什么条件。是的，建标准的第一部曲就是列明条件。在这个问题里，我们要将两家企业给出的条件全部罗列出来，做成表格，见表 2-2。

表 2-2　工作岗位 A 与工作岗位 B 的条件对比

项目	工作岗位 A	工作岗位 B
企业规模	大型	小型
工作性质	产品文案	产品文案 + 新媒体宣传 + 客户维护
上班时间	9:00—18:00，午休 2 小时，周末双休	9:30—18:30，午休 2 小时，周末单休
薪资情况	每月 6000 元固定薪资	每月 6000 元固定底薪 +2000 元浮动绩效
晋升机会	有明确的晋升制度，晋升机会大	无明确的晋升制度
工作氛围	较严肃	轻松
通勤时间	走路 20 分钟	乘地铁 40 分钟
福利补贴	提供早餐、午餐	无
奖金情况	年终奖金 1 万元	年终奖金 2 万元
是否加班	偶尔加班	经常加班

将两家企业的各种条件罗列清楚，有利于我们更加清晰地进行对比。

2.3.2　第二部曲：制定标准

列明条件后，我们会发现自己仍然无法做出选择，因为工作岗位 A 的某些条件比较好，工作岗位 B 也有一些条件比较好，两家企业各有所长。针对这种情况，接下来我们要做的就是制定标准，明确我们理想的工作岗位是什么样的，再将相关标准罗列出来，见表 2-3。

95

表 2-3　理想的工作岗位的各项标准

项目	理想标准
企业规模	大型
工作性质	产品文案
上班时间	8 小时，中午休息 2 小时，周末双休
薪资情况	每月 7000 元
晋升机会	有明确的晋升制度，晋升条件可逐步满足
工作氛围	轻松
通勤时间	30 分钟以内（任意交通工具）
福利补贴	提供早餐、午餐
奖金情况	年终奖金 1 万元
是否加班	偶尔加班，最好不加班

注意，这些标准是我们罗列出来的理想标准，是参考条件，不是筛选条件，否则工作岗位 B 将被直接排除，因为它不是大型企业。

2.3.3　第三部曲：分配权重

制定标准后，我们就直接给两份工作打分吗？不。因为不是每一项标准的分值都是一样的。比如，我们对薪资情况和通勤时间的看重程度显然是不同的。此时，我们要做的事情就是给每一项标准分配权重。直接给所有标准分配权重难以衡量，因此我们在分配权重前可以先依据一定的标准，将各个标准划分成几大类。

我们可以将其分为"工作愉悦度、薪酬福利、晋升情况"三大类，对哪个大类更在意，就给哪个大类分配更高的权重。如果我们更偏重于享受生活，可以给"工作愉悦度"分配更高的权重；如果我们更注重钱与物，可以给"薪酬福利"分配更高的权重；如果我们更注重未来的职业发展，可以给"晋升情况"分配更高的权重。一切都以我们的意愿为主。

以更注重未来的职业发展为例，我们可以按照 100% 的比例，给"工作愉悦度、薪酬福利、晋升情况"三大类的权重定为 20%、30%、50%，见表 2-4。

表 2-4　大类权重分配

分类	细分项目	权重
工作愉悦度	工作性质	20%
	上班时间	
	通勤时间	
	工作氛围	
	是否加班	
薪酬福利	薪资情况	30%
	福利补贴	
	奖金情况	
晋升情况	企业规模	50%
	晋升机会	

分配完大类权重后，我们再给细分项目分配权重。同样是按照 100% 的比例进行，这次要根据我们对各项的在意程度分配权重。接下来，将各细分项目的权重与所属大分类的权重相乘，得到每项的"真

实权重"，见表2-5。这些"真实权重"便是我们对各细分项目的价值排序。

表2-5　真实权重

分类	细分项目	权重
工作愉悦度（20%）	工作性质（25%）	5%
	上班时间（15%）	3%
	通勤时间（5%）	1%
	工作氛围（20%）	4%
	是否加班（35%）	7%
薪酬福利（30%）	薪资情况（70%）	21%
	福利补贴（15%）	4.5%
	奖金情况（15%）	4.5%
晋升情况（50%）	企业规模（30%）	15%
	晋升机会（70%）	35%

在分配权重的过程中，可能会出现以下情况：我们内心十分纠结，不知道该如何分配；认为自己的判断不够准确、客观，害怕权重分配错误等。遇到这些情况该怎么办？我们可以询问他人的意见，比如专业的职业生涯规划老师和有经验的亲朋好友等，结合他们的经验，做出更科学、合理的权重分配。

如果我们是初出茅庐的毕业生，第一次找工作，可以适当参考他人的意见；如果我们的经验丰富，对自己的选择很有把握，对未来的思考很清晰，也可以少考虑他人的意见。假设我们给他人的意见分配的权重比例为30%，将三个比例相乘，将会得到以下数据，见表2-6。

表 2-6 综合权重

自己的意见（70%）		
分类	细分项目	权重
工作愉悦度（20%）	工作性质（25%）	3.5%
	上班时间（15%）	2.1%
	通勤时间（5%）	0.7%
	工作氛围（20%）	2.8%
	是否加班（35%）	4.9%
薪酬福利（30%）	薪资情况（70%）	14.7%
	福利补贴（15%）	3.15%
	奖金情况（15%）	3.15%
晋升情况（50%）	企业规模（30%）	10.5%
	晋升机会（70%）	24.5%
他人的意见（30%）		
意见人	专业程度	真实权重
父母	20%	6%
老师	50%	15%
朋友	30%	9%

到这里，原本复杂、纠结、混乱的各种条件，已经变成可以用数字衡量的明确标准。我们不再只是依靠感觉去做决策，而是有了明确的数据作为参考。

2.3.4 第四部曲：正式打分

分配好权重后，我们将正式进入打分环节。如何打分呢？我们可以在表 2-6 的右侧再加上两列：工作岗位 A 和工作岗位 B，根据两个岗位的具体情况打分，每项满分为 100 分，见表 2-7。

表2-7 打分情况表

自己的意见（70%）				
分类	细分项目	权重	工作岗位A	工作岗位B
工作愉悦度（20%）	工作性质（25%）	3.5%	80	80
	上班时间（15%）	2.1%	85	75
	通勤时间（5%）	0.7%	90	80
	工作氛围（20%）	2.8%	60	90
	是否加班（35%）	4.9%	80	60
薪酬福利（30%）	薪资情况（70%）	14.7%	80	90
	福利补贴（15%）	3.15%	20	0
	奖金情况（15%）	3.15%	60	80
晋升情况（50%）	企业规模（30%）	10.5%	100	70
	晋升机会（70%）	24.5%	90	30

他人的意见（30%）				
意见人	专业程度	真实权重	工作岗位A	工作岗位B
父母	20%	6%	80	70
老师	50%	15%	90	80
朋友	30%	9%	80	85

可能有人会问："这些分数是如何得来的呢？"

还记得之前制定的标准吗？我们可以根据自己理想标准与现实工作岗位A和工作岗位B之间的差距进行评分。比如，理想的工作氛围是轻松、愉悦的，而工作岗位A的工作氛围是严肃的，虽然工作岗位A离我们的理想工作氛围较远，但并不是不能接受，可以打及格分60分；工作岗位B的工作氛围轻松，离我们的理想工作氛围较近，可以打高分90分。依照这一标准，我们可以大致对两个岗位的各细分项目进行评分。

2.3.5　第五部曲：做出选择

在打完分数后，我们要做的就是将每项得分与真实权重相乘，计算出真实分数，将各项分数相加，计算出两个岗位的最终得分，见表 2-8。

表 2-8　最终得分

自己的意见（70%）

分类	细分项目	权重	工作岗位 A	工作岗位 B
工作愉悦度（20%）	工作性质（25%）	3.5%	80	80
	上班时间（15%）	2.1%	85	75
	通勤时间（5%）	0.7%	90	80
	工作氛围（20%）	2.8%	60	90
	是否加班（35%）	4.9%	80	60
薪酬福利（30%）	薪资情况（70%）	14.7%	80	90
	福利补贴（15%）	3.15%	20	0
	奖金情况（15%）	3.15%	60	80
晋升情况（50%）	企业规模（30%）	10.5%	100	70
	晋升机会（70%）	24.5%	90	30

他人的意见（30%）

意见人	专业程度	真实权重	工作岗位 A	工作岗位 B
父母	20%	6%	80	70
老师	50%	15%	90	80
朋友	30%	9%	80	85
最终得分	—	—	83.145	64.695

根据最终得分可以发现，工作岗位 A 的得分远超工作岗位 B 的得分，所以，我们应当选择工作岗位 A。原本的两个看起来条件相近的工

作岗位，在经过一系列对比、评分后，得出的结果居然相差如此之大。有了对比后，我们就能轻松地做出正确的选择。

需要注意的是，如果我们在查找这两个工作岗位的信息时，发现其中某个岗位存在"打折扣的信息"，如企业存在违法乱纪的情况或企业提供的条件与实际情况不符，我们要在得出的分数上"打折扣"。

举个例子，工作岗位 A 承诺每月薪资情况为 6000 元，而我们从企业 A 的其他员工处了解到，所有新员工进入企业后，最高月薪只有 5000 元，与最初承诺的薪资情况不符，那么我们对这一选项就要"打折扣"。

2.3.6　第六部曲：克服非理性

在做出选择后，我们可能又发现了一些情况，比如，企业 B 对我表现出极大的热情，希望我去任职，或者企业 B 里有我要好的朋友，这位朋友希望我能去企业 B。在这些情况发生后，我们原本已经坚定的心又开始动摇。

为什么会这样？是前面的选择方法错了吗？不是。原因在于人是有感情的，并不能时时刻刻运用理性思维思考问题。以上做选择的方法的应用有一个重要的前提条件：在理性情况下客观地分析利弊。

人往往会在某些时刻失去理性或受感性思维驱动。比如，尽管我们知道自己的身体不好需要通过锻炼来改善，但在行动上却抵触锻炼，无法忍受心跳加速的感觉。再比如，我们知道中彩票的概率极低，但仍旧购买彩票，期待发生"一夜暴富"的奇迹；在工作中，尽管我们知道要高效完成工作，但往往会忍不住拖延；在教育孩子时，我们明知道孩子犯了错应该受到惩罚，但又不舍得真的惩罚他们。这些情况都反映了人的理性和感性的矛盾。

当我们的判断受到感性思维的主导，失去理性时，很难做出客观、理性的决策，选择就容易出现偏差。即使我们按照以上选择方法做出了决策，到最后一刻仍可能改变主意。比如，经过以上分析，我们得出应该选择企业 A 的结论，但最后却选择了企业 B，仅仅因为对企业 B 的感觉更好，如此而已。因此，"选择六部曲"的最后一部是克服非理性。

克服非理性说起来容易，做起来却颇有挑战性。这一点与我在第一章内容中提到的认知力息息相关。认知力水平的提高将有助于我们更多地运用理性思维而非感性思维来做出选择。我并非倡导大家时时理性、事事理性，因为我们都是感情充沛的人。我所说的克服非理性，是在面对人生的重大选择时，应更加倾向于理性思考。换言之，我们应该**理性选择，感性生活**。

综上所述，通过建标准和量化选项，我们可以做出正确的选择。我将这一方法总结为"选择六部曲"，如图 2-7 所示。

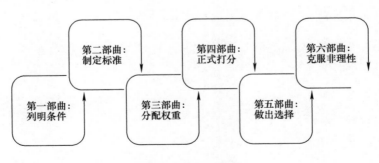

图 2-7 选择六部曲

小试牛刀

1. 请你使用"选择六部曲"，在身边的人群中，选择一个可以交往的朋友。

2. 请你使用"选择六部曲"，思考自己未来的职业选择，选出一个最适合自己的职业。

第 3 章

学习力

要做什么，我们就学什么

导读

通过看透事物的本质（认知力）和做出对的选择（战略力），做正确的事，接下来我们要学习"正确地做事"。**做正确的事，再正确地去做，这是干出成绩的不二法门。**"正确地做事"由一个人的学习力和影响力决定，这决定了我们能干事、干成事。

干出成绩要修炼的第三种能力是学习力。现代的职场竞争、市场竞争，从本质上来说就是学习力的竞争。**学习力决定了一个人的生存力、竞争力和发展力。**

1. 什么是学习力

学习不等于学习力，学习力是把知识资源转化为知识资本的能力。要想完全理解学习力，就要先洞察学习的本质。

职场上的学习与学生时代的学习有本质的区别。在学生时代学习是为了习得知识技能，本质是获得成绩上的提升；在职场中学习是为了获取新知识，提升个人能力，本质是为了拿到结果。究其原因，职场是一个营利性场所，职场上的一切行为都是围绕个人目标或组织目标的达成而展开的，包括学习。**学什么、不学什么，不由个人兴趣而定，而由个人目标和组织目标之间的差距而定。**

1999 年，华为向 IBM 学习产品研发管理。IBM 的顾问将华为产品研发的流程、周期等与 IBM 进行了纵向对比，最后得出结论："华为没有时间把事情一次性做好，却有足够的时间将事情一做再做。"这一结论令华为下定决心要解决这个问题，于是启动了华为长达 20 多年的对标学习和管理变革。如今，华为产品研发管理的整个流程和周期已经进行了十几次迭代。

2009 年，华为再次向 IBM 学习聚焦战略管理，引进了 IBM 的战略管理工具——业务领先模型。这个模型的核心思想是始终以缩小现状和期望业绩之间的差距为目标，进行战略思考。在学习这一战略管理工具时，华为每年都对现状与期望业绩进行对比，并以此为依据思索华为的战略发展路径。结果显而易见，近十几年来，华为在战略上基本没有出现明显的"硬伤"。

华为的这两次学习方向和内容各不相同，但有一个关键点是完全相同的——学习的本质都是为了改变现状，拿到结果。学习从来都不是目的，而是一种改变现状、解决问题并拿到结果的方法。有句话说得好：**"在战争中学会战争，在游泳中学会游泳。"** 对于这句话，我的理解是：**要做什么，我们就学什么。** 具体来说：

- 如果你是一位企业经营者，你要在经营企业的过程中学习如何做战略规划、如何搭建组织架构等。

- 如果你是一位管理者，你要在管理团队的过程中学习如何带团队、如何做业绩等。

- 如果你是一位人力资源专员，你要在工作过程中学习如何招人、如何人岗匹配等。

……

2. 为什么要修炼学习力

学习力就是一个人或一家企业的生存力、竞争力和发展力。

只要我们善于观察、总结，就会发现所有的成功者都有一个共同爱好或习惯——终身学习。商界领袖、华为创始人任正非就是一位热爱学习的企业家，他用自己的经历验证了一句话："知识改变命运。"他在创办华为的这些年来，一直孜孜不倦地学习，出差时必带的物品就是书籍，基本上一个星期要读一两本书。任正非的思想始终处于高度开放的状态，思维非常敏捷，讲话的逻辑性很强，而且富有哲理。这一点我们可以从他的讲话和文章中观察到。

任正非学习时有一个特点：喜欢在书上做批注，写读书心得，与人分享。每当看到好书、好文章和好电视剧，他便忙不迭地推荐给企业高管。任正非曾向华为高管们推荐了 20 多本书，并亲自写推荐语。此外，任正非还向华为员工推荐了 10 多本书。

任正非认为，学习本身不是目的，学会举一反三，灵活运用知识才是真正的目的。为此，我们必须积极、认真地思考，弄清知识的来龙去脉。如果学到的东西不经头脑加工，就好比吃下的食物未经口腔咀嚼、肠胃消化，即便是美味佳肴，也不会被身体吸取。

在这个充满不确定性的时代，层出不穷的新技术、新产品都在颠覆产业格局。如果我们不能养成终身学习的习惯，不拥有极强的学习力，那么时代抛弃我们的时候，我们甚至连告别的机会都没有。学习力是一个人的核心竞争力。当我们在学习时，我们的大脑在进行熵减，这有助于保持大脑的活力，让我们构建强大的竞争壁垒。

时至今日，如果你仍认为学习不重要、知识不重要，那么你可能会为不学习和无知付出巨大的代价。

3. 哪些人需要修炼学习力

答案是：**人人都需要修炼学习力。**

在这个充满不确定性的时代，工作、行业和专业可能会让你感到失望，唯一不会辜负你的是你所掌握的知识和能力。如果你缺乏学习力或学习力低下，就将无法构建自己的核心竞争力，难以在工作和生活中很好地生存和发展。

从生活的角度来说，如果你缺乏学习力或学习力低下，就将不得不忍受惯性带来的痛苦。你遇到的人、你听到的言论、你产生的想法以及你做出的决策，共同塑造了你现在的人生。要想改变现状，你必须不断地学习和成长，打破旧的思维方式，接纳新的观念，改变习惯。

一个人只有具备学习力，才能补短板、扬优势，掌握生存必备的各项技能，不被时代淘汰；一家企业只有具备学习力，才能提产能、扩业务，持续在竞争中获胜，不立于危墙之下。

4. 如何修炼学习力

如今，我们获取知识变得越来越容易，只要有学习的意愿，几乎没有学不到的知识。正如美国作家吉姆·奎克所言："在这个互联互通的时代，无知是一种主观选择。"然而，当知识获取变得越来越容易时，我们反而越感到焦虑。面对海量信息，我们常常感到无所适从。尽管购买了众多知识付费的课程，阅读了许多专家推荐的书籍，收听了各种经济学、哲学的音频，但到最后，那些曾经以为学了就会的知识，记不住、讲不出、用不到，脑袋里空空如也。

是因为自己太笨吗？并不是。这种困境并非因为我们的智力不足，而是因为我们被知识碎片所迷惑，没有掌握修炼学习力的方法——**方法不对，努力白费**。

因此，我聚焦职场学习力修炼，并基于大量真实的职场学习场景，提出了"学习力修炼三剑"。如图 3-1 所示，我详细演示了职场实用技能的学习步骤，旨在帮助大家修炼学习力，摆脱"一顿操作猛如虎，仔细一看原地杵"的学习困境。

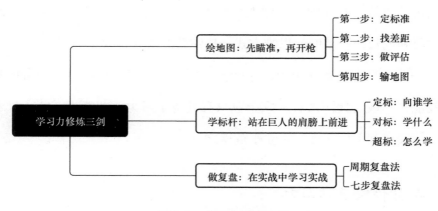

图 3-1　学习力修炼三剑

勤练"学习力修炼三剑"，提升学习力。这套修炼学习力的方法，是我历经十余年的学习实践，培训了超过 5 万人次后提炼出的经验总结。

无论是员工的线下培训，还是打造学习型组织，都应用了这套成熟的学习方法，获得了很好的效果与口碑。从 2018 年起，经我分享的人都掌握了不错的自我学习能力，80% 的人在半年到一年内，成长为企业的项目经理、中高层管理者或顶尖的销售员，这是一个非常了不起的成就。经过几年时间的迭代，这套学习方法已经相当成熟。因此，我才敢与大家分享这套简单、实用的修炼学习力的方法。

学习不只是读书，成长也不是"打鸡血"。站在舒适区的边缘，一点一点往外走，和时间做朋友，我们会在不经意间发生蜕变。就像这本书，如果它触动了你，也仅仅是为你提供了一个新的视角，最终能否修炼出强大的学习力，只能靠你自己，没有人能够替代。

3.1　绘地图：先瞄准，再开枪

职场人学习最大的挑战是为什么而学。

听起来，这似乎是一个没有价值的问题，因为我们可以脱口而出很多答案，比如，学习是为了提升能力，为了成就更好的自己。这些答案都没有错，我们在给出这些答案时，内心也有一团奋发向上的小火苗。只是这团火苗燃烧的时间很短，第二天早上起床，这团火苗可能就熄灭了。为什么？原因是这些答案不够具体，离现实太遥远。对于很多人来说，一年后的目标都不清楚，更别谈梦想了。这就是很多人"晚上想想千条路，早上起来走原路"的原因。

我不想给大家画一个关于梦想的"大饼"，对于大多数人来说，天上的白月光不如地上的六便士。在这里，我们探讨一个更加实际的学习目的：一切学习都是为了解决问题，拿到结果。这意味着我们的学习要带着些许"功利性"，从工作的实际需要出发，学习完立刻就能应用。比如，明天开会需要做PPT，而我们从来没做过，那么今天我们要搜索"PPT速成攻略"等适合小白学习的PPT制作方法，套用模板把PPT制作出来。

带着些许"功利性"学习，与我们的收入、成长息息相关，也更容易持续地激励我们，让学习的火苗更旺，燃烧得更久。我们的"子弹"是有限的，在学习投入方面要先瞄准，再开枪，不做无用功。那么，我们要如何带着些许"功利性"学习呢？

我们要给自己绘制一张学习地图，明确自己的学习方向，按图索骥，这就是修炼学习力的"第一剑"。

什么是"学习地图"？

"学习地图"是一张培养自己成才的地图，是以自己的能力发展路径和职业规划为主轴而设计的一系列学习活动。**给自己绘制一张学习地图其实就是培养自己**。比如，我们作为新员工进入职场后，首先要学习如何完成本职工作，以及一些可能用到的职场礼仪、企业文化等知识，加速角色转变；其次，我们在能够胜任工作后，还要进一步学习如何更好、更快地完成本职工作，或者探索其他的可能性，成为优秀的员工；再次，晋升为管理者后，我们要学习管理知识、心理学知识，成为能带兵打胜仗的卓越管理者；晋升为高层管理者后，我们要学习战略思维、决策方法等，成为老板坚实的左膀右臂；最后，成为创业者后，我们要学习如何经营企业、管理企业等，成为优秀的企业家。

"学习地图"最大的作用在于以眼前的目标为导向，以解决瓶颈问题为靶心，以推动自身发展为驱动力。绘制学习地图有四个步骤，如图 3-2 所示。

图 3-2　绘制学习地图的四个步骤

3.1.1　第一步：定标准

绘制学习地图的第一步是定标准，即定义成才的标准。

这是最难的一步。从表面看，谁都清楚自己成才的标准，但仔细想想，谁也不能全面而准确地知道成才究竟需要哪些能力。不信的话，我们可以问问自己，是否能在三分钟内说出成才的标准。有的人认为专业能力最重要，因为它是我们做出成果的前提；有的人认为资源最重要，因为资源到位，业绩也就到位了；有的人认为交际能力很重要，因为成果都是和人沟通后取得的。这些答案都没有错，但这些真的是我们在职场上最需要的吗？

要准确地定义成才的标准，让成才标准能够为自己所用，就要跳出"小我"，换一个视角，从眼前的实际情况出发：企业需要什么样的人才？每家企业、每个行业需要的人才标准虽有不同，但实则大同小异，总结起来有四个维度：能力、经验、特质、动力，如图 3-3 所示。

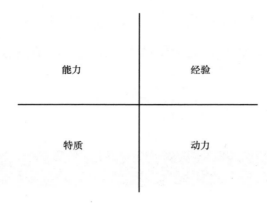

能力   经验

特质   动力

图 3-3　人才胜任力模型

• 能力：胜任某个岗位所需的知识和技能。比如，人力资源总监需要有很强的观察能力和判断能力，销售总监需要有很强的团队管理能力和业绩创造能力。

• 经验：与岗位相关的业务经验。比如，当你到一家企业应聘人力资源总监时，对方大概率会要求你有多年胜任人力资源总监的工作经验。

• 特质：一个人对外部环境与各种信息的反应方式、倾向与特性，通常表现为人的性格、处事风格等。比如，作为管理者，沉着、冷静的性格比吵闹的性格更好。

• 动力：一个人想做什么事，不想做什么事。比如，一个人如果不想担责任，那么他就不适合做管理者。

知道了企业的人才评估标准后，我们可以使用"人才胜任力模型"找到自己成才的标准，具体包括以下两步：

• 搜索企业招聘广告中关于人力资源总监的岗位要求。

- 提炼出"人才胜任力模型"。

我以人力资源总监岗位为例来解释这个过程。

第一步：搜集招聘广告。我们要到各大招聘网站上查看并搜集不同企业关于人力资源总监的岗位要求，并综合各项要求。需要注意的是，我们要找多份这样的招聘广告，因为每家企业的关注点都不同。

第二步：提炼出"人才胜任力模型"。对收集汇总后的岗位要求进行提炼，得到它们在四个维度的关键指标与描述，见表 3-1。

表 3-1　人力资源总监岗位画像

维度	序号	指标	描述
能力	1	战略力	在企业人力资源战略、政策的指引下，建立并实施人力资源方针和行动计划，以助企业达到预期的经营目标
	2	人才识别能力	判断企业中各岗位人才是否符合企业需求
	3	人才获取能力	为企业招聘符合要求的优秀人才
	4	人才管理能力	定期进行人力资源数据分析，管理好企业的人才
	5	薪酬体系管理能力	根据行业和企业的发展情况，制定企业薪酬管理制度
	6	监督能力	协助监督各个部门的工作
	7	考核能力	考核各个部门的工作情况
	8	整合能力	整合企业资源
	9	基础办公能力	熟练使用各种办公软件
	10	日常事务管理能力	负责部门日常事务管理工作
经验	1	学历经验	人力资源、管理或相关专业本科及以上学历
	2	工作经验	5 年以上相关工作经验，对人力资源管理的各个职能模块均有深入认识，能够指导各个模块的工作
	3	法律经验	熟悉国家、地区及企业关于合同管理、薪酬制度、用人机制、保险福利待遇等方面的法律法规及政策

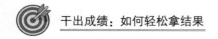

（续）

维度	序号	指标	描述
特质	1	责任心、事业心强	对工作认真负责
	2	执行力强	能够迅速将计划落实
	3	沟通、协调能力强	能够协调、组织各个部门和员工的资源与力量
动力	1	有带领企业进一步发展的想法	能够与企业共同成长，有长期为企业建设贡献力量的意愿
	2	对人力资源工作有热情	热爱人力资源工作，工作态度积极
	3	具有良好的职业操守和职业道德	遵纪守法，尽职尽责

3.1.2 第二步：找差距

绘制学习地图的第二步是找差距，即将岗位要求与自身实际情况进行对比，找出差距。

通过定标准，我们了解了企业的需求，确定成才标准后，在找差距时，我们要重点关注"能力差"和"经验差"，这两个维度是我们通过学习可以改变的；"特质差"和"动力差"重点关注自己是否匹配，它们是很难在短期内得到改变的。

1.找到"能力差"

工作上的能力包括专业能力和通用能力。

• 专业能力：胜任工作需要的专业知识和技能。比如，人力资源总监需要熟悉国家及当地的各项劳动人事法规政策。

- 通用能力：各个岗位都需要的知识和技能，比如，沟通表达能力。

这两种能力的提升方法不同。提升专业能力要求我们深入钻研专业知识，注重学习的深度；提升职场通用能力需要我们花时间持续精进，注重学习的广度。

如何找到自己的"能力差"呢？我们可以询问自己两个问题。

- 我是否掌握了相关的知识和技能？
- 我是否有证据证明自己掌握了这些知识和技能？

回答这两个问题可能会出现以下三种情况：

- 认为自己掌握了，并且有证据证明。
- 认为自己掌握了，但没有证据证明。
- 认为自己没掌握，并且没有证据证明。

如果答案是第一种，证明我们的能力维度与岗位要求没有差距或差距很小；如果答案是后两种，证明我们的能力维度与岗位要求有一定差距或差距很大。

2. 找到"经验差"

经验维度的差距很好寻找，非常直观：有就是有，没有就是没有。比如，人力资源岗位要求有 5 年工作经验，你有 3 年工作经验便是有 2 年的差距，很好评判。如果我们在经验上存在的差距较大，但非常想得到某个岗位，我们可以培养超出岗位要求的能力，让企业破格录取我们。

3. 找到"特质差"和"动力差"

特质和动力维度不需要找差距，而是要看适配情况。比如，一个性格内向、不喜欢与人沟通的人，最好不要选择销售工作；一个活泼好动、静不下来的人，最好不要选择技术研发工作。如果我们发现自己的特质和动力维度与岗位差距很大，我们要做的不是弥补差距，而是思考这个岗位是否适合自己。

3.1.3　第三步：做评估

绘制学习地图的第三步是做评估，评估自己应该优先学习什么，提升什么能力。我们的精力有限、时间有限，要在特定的时间段里聚焦于提升最重要且紧急的能力，让自己迅速拿到结果。

如何做评估？我分享两个建议。

• 优先提升短板能力——我们提升能力的目的是更好地胜任工作，那么我们需要尽快将短板补齐，才能提升整体实力。

• 不要同时提升多种能力——千万不要将时间和精力分散在多种能力的提升上，这样容易让自己的学习效果打折扣，最后时间和精力耗费了，但没有取得理想的学习效果，得不偿失。

如果你还对此存在疑惑，我建议你再看一看本书第 2 章关于如何做取舍的内容，它能帮你选出应该优先学习哪些内容。表 3-2 为人力资源总监岗位的能力评估示意。

表 3-2　人力资源总监岗位的能力评估

维度	序号	指标	描述	差距大小	优先级
专业能力	1	战略力	在企业人力资源战略、政策的指引下，建立并实施人力资源方针和行动计划，以助企业达到预期的经营目标	大	优先
	2	人才识别能力	判断企业中各岗位人才是否符合企业需求	大	优先
	3	人才获取能力	为企业招聘符合要求的优秀人才	小	不优先
	4	人才管理能力	定期进行人力资源数据分析，管理好企业的人才	小	不优先
	5	薪酬体系管理能力	根据行业和企业的发展情况，制定企业薪酬管理制度	小	不优先
	6	监督能力	协助监督各个部门的工作	中	次优先
	7	考核能力	考核各个部门的工作情况	中	次优先
通用能力	1	整合能力	整合企业资源	大	优先
	2	基础办公能力	熟练使用各种办公软件	小	不优先
	3	日常事务管理能力	负责部门日常事务管理工作	小	不优先
经验	1	学历经验	人力资源、管理或相关专业本科及以上学历	小	不优先
	2	工作经验	5 年以上相关工作经验，对人力资源管理的各个职能模块均有深入认识，能够指导各个模块的工作	中	次优先
	3	法律经验	熟悉国家、地区及企业关于合同管理、薪酬制度、用人机制、保险福利待遇等方面的法律法规及政策	小	不优先
特质	1	责任心、事业心强	对工作认真负责	小	不优先
	2	执行力强	能够迅速将计划落实	大	优先
	3	沟通、协调能力强	能够协调、组织各个部门和员工的资源与力量	大	优先
动力	1	有带领企业进一步发展的想法	能够与企业共同成长，有长期为企业建设贡献力量的意愿	小	不优先
	2	对人力资源工作有热情	热爱人力资源工作，工作态度积极	小	不优先
	3	具有良好的职业操守和职业道德	遵纪守法，尽职尽责	小	不优先

3.1.4 第四步：输地图

绘制学习地图的第四步是输地图，即结合前面三步，输出当前阶段的学习地图，按照地图进行学习。

以表 3-2 人力资源总监岗位的能力评估为例，输出学习地图。通过能力评估表格，我们可以得出该岗位在学习地图上有三个目的地：第一个目的地是优先提升的能力；第二个目的地是次优先提升的能力；第三个目的地是不需要优先提升的能力，如图 3-4 所示。

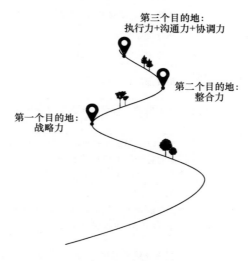

图 3-4 人力资源总监岗位的学习地图

总结一下，绘制个人学习地图的目的是根据企业或市场的成才标准，有针对性地学习所需技能和知识。我们可以把学习地图视为通往成功的路径图，包含以下三个核心要素。

- **起点**：起点是当下，包括我们目前的工作职责、岗位和需要解决的问题。

- **目标**：目标是我们想达到什么样的水平，想做出什么样的成绩。

- **过程**：过程是从起点到目标，即我们如何一步一步地实现目标。

需要明确的一点是，学习地图不是一成不变的，随着我们的能力的提升和市场需求的变化，学习地图也需要不断调整以适应新的挑战和机遇。

小试牛刀

本节练习
请根据你的工作岗位，按照"绘制学习地图四步骤"，绘制出自己的学习地图。 1. 定标准。
2. 找差距。
3. 做评估。
4. 输地图。

3.2 学标杆：站在巨人的肩膀上前进

如果说这个世界上还有一条通往成功之路的捷径，那便是与强者为伍，以牛人为师。站在巨人的肩膀上前进，不做无用的努力和毫无意义的探索。科学家牛顿说："如果说我看得比别人更远些，那是因为我站在巨人的肩膀上。"这是一种很适合职场人的高效学习方法——站在巨人的肩膀上学习，又称"标杆学习"，也是修炼学习力的"第二剑"。

我们的时间和精力有限，**不要去重复造轮子**，用"前人"总结好的方法学习、精进，比我们自己从零开始要高效。知名战略营销专家小马宋在28岁时转行做广告。在这之前，他是《财经时报》的编辑，大学所学专业是热能与动力工程，与广告毫无关系。神奇的是，在转行后的一年半里，小马宋从初级文案升职为助理创意总监。他用的方法就是"偷师"。据他自述，他在学习广告的专业技能时，反复看了20000多个广告创意案例，这些案例都是广告大师们总结出来的成功经验和方法。小马宋通过向顶尖的广告大师"偷师"，在短时间内拿到了结果——转行成功。

对于企业来说，企业的生命周期和在发展过程中遇到的问题有共同性和规律性。如果完全依靠企业经营者摸着石头过河，会不可避免地走一些弯路，甚至出现重大的经营风险。如果企业经营者懂得向标杆企业学习，便可以减少学习成本，使企业少走弯路。以强者的经验为标杆，并将这种经验、方法应用到自己的企业经营中，可以提升企业的经营效率。很多知名企业，比如华为、小米、IBM、3M、杜邦等早已深谙此道，将向标杆企业学习视作企业的头等大事。华为之所以能取得今天的成就，关键原因之一就在于其擅长向标杆企业学习。华为曾经花了 10 余年的时间，从 IBM 学习了 IPD⊖、BLM⊖ 等流程。青出于蓝而胜于蓝，华为不仅很好地学习并消化了 IBM 的精髓，并且把学到的本事用得更好、更久、更广泛，是"标杆学习的进化"典范。

自己摸索、总结经验不如学习、借鉴他人的成功经验。站在巨人的肩膀上才能走得更快、更稳、更持久。向标杆学习，究竟要学什么？怎么学？

企业管理中有一个词叫"标杆管理"，它是指一个组织与一个比其绩效更好的组织进行比较以取得更好的绩效，不断超越自己，超越标杆，追求卓越，实现组织创新和流程再造的过程。基于"标杆管理"的理论框架和学习实践，我总结出一套站在巨人肩膀上学习的方法，我将它称为"偷师三步"，如图 3-5 所示。

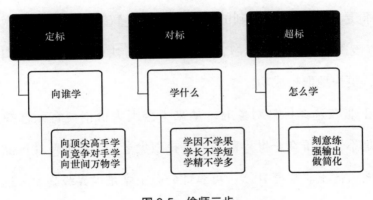

图 3-5　偷师三步

⊖ IPD，英文全称叫作 Integrated Product Development。中文名为集成产品开发，是一套先进的、成熟的产品开发管理思想、模式和方法。

⊖ BLM 模型（Business Leadership Model），也称业务领先模型，源自哈佛大学，后被 IBM 发扬光大因为华为引入而被中国科技企业所认识和接受。

3.2.1 定标：向谁学

"偷师"的第一步是定标。定标是指选择合适的标杆学习对象，即向谁学。

1. 向顶尖高手学

"取法于上，仅得为中，取法于中，故为其下。"这句话来自李世民的《帝范》，意思是做事情要有高的标准，才能得到好的结果。如果一开始设定的标准很低，我们最终得到的结果会更差。这个道理也适用于我们选择"偷师"的对象。如果我们一开始选择的学习对象不太好，那么我们学习的结果也不会好。所以，在选择标杆对象时，我们要向顶尖高手"偷师"，比如，企业内部的顶尖高手、同行业的顶尖高手、某个专业的顶尖高手。这些顶尖高手在过去的工作中积累了丰富的经验，这些经验是在书本上学不到的。他们能迅速甄别哪些事情能做，哪些"坑"应该避开，向他们学习，参考他们的方法行事，能让我们少走很多弯路，更快地取得成功。

任正非在选择标杆对象时，从来不会因为价格便宜而选择某位老师，而是不惜代价在全世界范围内寻找顶尖老师。比如，在产品工艺可靠性方面，任正非知道 IPC[⊖] 可靠性分会主席是世界级高手，这位老者最早在贝尔实验室工作，华为很想邀请他莅临指导。通过各种关系，华为在一年多的时间里不断邀请这位老师，才得到这位老师到华为交流两周的机会。经过向世界级高手的学习，华为在产品工艺可靠性方面少走

⊖ IPC（Inter-Process Communication，进程间通信），是指两个进程的数据之间产生交互。

了很多弯路。任正非认为："**跟最好的老师学，60 分也可以；跟差的老师学，100 分也没用。**"

向顶尖高手学习，至少能学成二流高手；向二流高手学习，最多能学成三流高手；向三流高手学习，最后会变成不入流。

2. 向竞争对手学

除了向顶尖高手学，我们还可以向竞争对手学习。在工作中，每个人都有竞争对手。我们和竞争对手竞争的过程，就是一个相互学习、相互提高的过程。我们可以学习竞争对手的优势、长处，取长补短。对手为什么会成功，我们为什么会落后？对手有哪些比我们厉害的地方？这些问题的答案就是我们要学习的内容。

在《大军师司马懿之军师联盟》里，杨修是司马懿的竞争对手，杨修多次想置司马懿于死地，但在杨修因为"鸡肋事件"被曹操下令处斩后，司马懿向曹操请示去探望杨修。曹操便问他，为何要去看杨修？司马懿说："**臣一路走来，没有敌人，看见的都是朋友和师长。**"尊重对手，向对手学习，才能超越对手。

2016 年 9 月，金融专栏作家周掌柜写了一篇名为《OPPO 和 vivo 的"人民战争"》的文章。在文章中，他分析了中国手机厂商 OPPO 和 vivo 快速崛起的原因。这篇文章很快被华为员工转载到内部论坛"心声社区"上，引发了热烈讨论。华为终端负责人余承东看过这篇文章后，认为作者分析得很中肯，发现 OPPO 和 vivo 的社会化营销和市场下沉策略确实优于当时的华为，于是号召华为终端公司全体成员向 OPPO 和

vivo 学习，要求全体管理者认真阅读这篇文章，并输出个人心得和改进计划，对业务进行改进。这件事后来还引起了任正非的注意，任正非表示："终端太伟大了。向一切优秀的人学习，真正敢批评自己，已经是伟大的人了。"

任正非为何对余承东这一举动的评价如此之高？有几个数据值得了解：2016 年，华为年营收 5216 亿元，其中余承东所负责的消费者 BG 营收为 1798 亿元，华为员工为 17.6 万人；OPPO 当年的营收约 500 亿元，员工约有 4000 人；vivo 当年的体量比 OPPO 略小，年营收约 400 亿元，员工约有 3000 人。余承东向一个无论是销售收入还是员工规模都比自己小很多的竞争对手诚心诚意地学习，这就是余承东的伟大之处——业务有领先之别，学习没有高低之分，任何人的闪光点都值得我们学习。

3. 向世间万物学

子曰："三人行，必有我师焉。"从字面上来说，三个人当中，必定有一个人有我们可以学习的地方。推而广之，世间万物，不管是有生命的还是无生命的，不管是人类还是动物、植物，都有值得我们学习的地方。比如，我们可以向大海学习博大的胸怀，提高格局；向高山学习择高而立，树立远大的目标……向世间万物学习，才能不断提高。拜世间万物为师，才能体会到生命的本真。

向世间万物学最典型的案例是任正非向"咖啡"学习。2014 年 1 月 5 日，任正非在成研所业务汇报会发表《风物长宜放眼量任总》的讲话中提到："世界 IT 行业最发达的地区在美国，在持续引入高端专家的同时，我们的高级干部和专家也要突破局限，每年走出去交流，不要只知道'埋头苦干'，要善于用一杯咖啡吸收宇宙能量。我们经常参加各种国际会议和论坛，杯子一碰，只要 5 分钟，就可能会擦出火花，吸收很多'能量'。不改变思维习惯，就不可能接触世界，不接触世界怎么知道世界的样子？有时候一两句话就足以道破天机，擦出思想的火花。"

"一杯咖啡吸收宇宙能量"如今已经变成企业管理的高频词。对于这个词的内涵和外延，2017 年 12 月 11 日，任正非在华为喀麦隆代表处讲话时做过形象的解读："一杯咖啡吸收宇宙能量，并不是因为咖啡因有什么神奇的作用，而是利用西方的一些习惯来表达开放、沟通与交流的思想。你们进行的普遍客户关系拓展、投标前的预案讨论、交付后的复盘、饭厅的交头接耳，我认为都是在交流，在吸收外界的能量，在优化自己。形式不重要，重要的是精神的交流。咖啡厅也只是一个交流场所，任何时间、任何地点都可以是交流的机会与场所，不要狭隘地理解形式。"

有人曾问任正非"到底谁才是你的老师"。任正非回答："我的老师不就是'一杯咖啡'吗？"一杯咖啡吸收宇宙能量。与智者同行，久处兰室，不芳自香。万物皆为师，万行皆存理，博采众家之长，这是学习的最高境界。

3.2.2 对标：学什么

"偷师"的第二步是对标。对标就是向顶尖高手学什么。

关于这一点我在前文中已经指出——要做什么，我们就学什么。但问题在于许多企业向标杆企业学习后，许多人向自己的导师、管理者、企业经营者等人学习后，效果并不好。比如，很多企业经营者带着高管向华为学习，真金白银花了，真正学到东西的却寥寥无几。"总是被模仿，从未被超越"，这句话形容标杆学习甚为合适。

标杆学习源自人类学习的本能——模仿、对照和改进。从表面上看，是向优秀的标杆看齐并寻找差距，落实在工作中。然而，要想真正做到位并不容易。标杆学习的过程就像一个层层过滤的漏斗，每一个层次都会导致学习的无效和走样。

我们在向顶尖高手学习时，要学什么才不会陷入"学习巨人时，心中纵有千条路；学完回去后，早上起来走原路"的困境？

1. 学因不学果

许多人在向顶尖高手学习时，为了走捷径，往往直接用顶尖高手的"果"。期望顶尖高手的"好果"能让自己直接收获"好果"。但是，直接"摘果"，无法学有所成。

我们在向顶尖高手学习时，要学因不学果。**学习顶尖高手的底层逻辑，重视方法论和理论框架，关心解题思维而非题目本身**。有效的标杆学习方法是：去伪存真，去粗取精，由表及里，由此及彼。

举例，作为企业经营者，我也在学习华为的客户关系管理，学习如何管理客户。我在学习后发现，客户关系管理的核心不是管理已经进来的客户，而要从潜在客户的源头抓起，打通从线索到回款的全流程。于是，我从与客户的第一个接触点开始，把这个事情做透彻，在每一个接触点建立服务标准与流程。当我把这一底层逻辑运用到企业的客户关系管理中时，取得了不错的效果，客户量实现了倍增。这就是学因不学果，学习顶尖高手的底层逻辑。学因不学果，才能学到位。

2. 学长不学短

很多人在向顶尖高手学习时，容易掉入一个陷阱：挑标杆的缺点或短处，一旦找到一个缺点就全盘否定标杆。人无完人，顶尖高手也有自己的短板和劣势。我们在学标杆时，要学标杆的长处，而不是短处。

华为在学习 IBM 时也曾掉入这样的陷阱。在刚开始向 IBM 学习时，IBM 顾问给出了"十大诊断"，一针见血地指出了华为存在的问题。华为感到大为受用。可到了 1998 年，华为经历了连续 3 年销售额翻番式增长后，失去了继续学习的动力。有的员工在接受 IBM 顾问培训时迟到、早退，或者直接趴在桌子上睡觉，有的员工质问 IBM 顾问这套流程是否适合华为，甚至还有的员工认为华为的业务流程已经比 IBM 更加先进了，因为美国的顶尖企业在中国市场上被华为打败了。

试问一下，如果华为一直以这样的状态去学习，对 IBM 的管理理念和方法"挑刺"，那么今天的华为会有此成就吗？我想大概率不会有。幸运的是，华为有一位卓越的领头人，任正非在发现这一问题后，立刻改正，才有了今天的华为。

"现代管理学之父"彼得·德鲁克认为，卓有成效的管理者必须养成五个习惯，其中之一是"发挥人的长处"，包含发挥上司的长处、下属的长处及自己的长处。学习也是如此。我们在学习标杆时，不是为了扳倒标杆，不是为了否定标杆，我们要以空杯心态学人所长。

3. 学精不学多

在学标杆时，不要企图一口吃个胖子。要知道，那些"多又杂"的内容会分散我们的注意力，令我们没有办法集中力量在一点上突破，成为某一方面的专家。学习知识或技术是有广度和深度的，广度能拓宽我们的眼界，深度能让我们得到突破。

在学标杆时，我们要学精不学多。学习的深度比广度更重要。一个普通人能在某个方面做出成就，成为专家，就已经很了不起了。我们要结合自己的核心竞争力，学习标杆的优势，集聚所有力量力求一点突破。

3.2.3 超标：怎么学

"偷师"的第三步是超标。超标就是追赶、超越标杆。

学习标杆不是目的，一切学习都是为了解决问题。无论是个人层面的学习还是企业层面的学习，都必须坚持"以我为主"的原则，学习是为自己服务的，而不是纯粹为了学标杆而学习。学习标杆是为了超越标杆，成为更好的自己。

我们如何学才能追赶标杆，超越标杆，最终成为标杆呢？

1. 刻意练

学标杆的关键在于刻意练习，简称"刻意练"。

作家格拉德威尔在《异类》一书中指出：人们眼中的天才之所以卓越非凡，并非天资高人一等，而是持续不断地努力。1万小时的锤炼是人从平庸变超凡的必要条件。

我们想要成为某个领域的专家、顶尖高手，在知道向学谁、学什么后，接下来就要对学习的内容刻意练习，练习得越多越好。**刻意练习会让我们从新手变成高手**。刻意练习有别于普通的练习。普通的练习是简单的重复，是"天真的练习"。而刻意练习不是简单的重复，它需要有好的导师指点，是有目标、有反馈的练习，是"正确的练习"。

美国著名作家富兰克林为了练习写作，会模仿优秀的作品，写完与原文对照，找出差距，再修改。如此反复，直到掌握写作方法为止。有目标、有反馈，富兰克林运用的就是刻意练习的方法。

刻意练习可分为四个步骤。

- 第一步：找到特定目标，积跬步以至千里。
- 第二步：保持专注，把全部注意力集中于你的任务。
- 第三步：勤于反馈。反馈会帮你弄清楚哪方面不足，离目标还有多远。
- 第四步：走出舒适区。不走出舒适区，人永远无法进步。

2. 强输出

强输出是指我们要将向标杆学习的收获分享给更多的人，通过输出倒逼输入。

我有一个习惯，每次学到新知识，至少要向五拨人分享。这样做有三个好处：一是检验自己是否真的学会了；二是通过反复分享巩固知识，并在分享的过程中获得启发；三是通过分享知识，强化自己在这个赛道上的专业性。

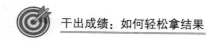

输出也有三个核心要素：

· 使用自己的语言输出，而不是原封不动地照搬。

· 结合现实分享你对标杆方法、理念或思维的解释，不仅要把知识复述出来，还要让它在现实中落地。

· 表达你的个人分析和见解。

3. 做简化

什么是做简化？做简化是指完善我们的思维模型，从知识中总结和提炼要点。我们要一边学习有用的知识，一边提升自己的思维能力。这个步骤有一箭双雕的作用。

如何做简化？做简化有两个要点。

· 打开知识的"重要性开关"。

· 将知识由复杂变简单。

我们在总结知识要点时，需要准备一张清单，将大脑中提炼出来的要点写在纸上，随时修改，这样对学习的效果更有帮助。

大道至简。我们在向标杆学习时"做简化"，本质上是将外部的知识转化为自身生产力的过程，与原有的知识架构完美融合，获得 1+1>2 的效果。

以上就是整个标杆学习法的完整步骤和内容，看起来很复杂，但是我们操作一遍后会发现非常简单。当我们熟练操作后，许多步骤也可以精简。

最后我想说，为什么我们在学标杆方面学不了、学不对、学不会，其实是我们的学习定力在潜移默化地发挥作用。用投机主义的心态学习标杆，定然学不成；用长期主义的定力稳步吸收，必将成功。

小试牛刀

本节练习
1. 请你按照"偷师三步"的"定标"，写下你的学习对象。

2. 请你按照"偷师三步"的"对标"，写下你要学习的内容。

3. 请你按照"偷师三步"的"超标"，写下你要学习的方法。

3.3　做复盘：在实战中学习实战

修炼学习力的"第三剑"是做复盘。

复盘来源于围棋术语，指的是下棋的两个人在对局结束后，复演该盘棋，就对弈双方的优劣和得失关键进行分析和总结。复盘通常被认为是棋手提高下棋水平的重要方法之一，通过复盘看到自己的不足，可以将复盘时获得的经验化为己有。

提到复盘，很多人会把它与总结、反思相提并论，这是一种错误的认知。总结是对过去做过的事进行归纳分析，得出结论；反思是回顾过去做过的事，分析成败得失；复盘不仅要回顾事情经过，分析成败得失，总结经验教训，还要优化行动，掌握规律。复盘是一个螺旋式上升的闭环。

只要我们善于观察，会发现**凡是顶尖高手都是复盘高手**。比如，《复盘》一书中提到柳传志对"复盘"的重视，他曾表示："复盘至关重要，通过复盘总结经验教训，尤其是失败的事情，要认真，不给自己留任何情面地把这个事想清楚，把事情想明白，然后就可以谋定而后动了。"他这样说是因为联想是在一次又一次复盘后收获成功的。比如，在 2003 年前后，戴尔品牌在中国迅速占领市场，使联想产生了强烈的危机感。有的人认为，戴尔之所以能迅速占领市场，是因为戴尔的直销模式比较先进，联想如果再不做出改变，就会被戴尔彻底压垮。联想的高层听到这一说法后也对自身营销模式产生了质疑，但他们没有贸然学习戴尔的直销模式，而是对自身和戴尔的营销模式进行了复盘。在复盘的过程中，联想发现问题的源头并不是营销模式，而是谁的流程更有效率、谁更能够给客户创造价值。得出这一结论后，联想马上调整了流程，并在 2004 年一战翻身。

在实践中，运用自己学到的知识，并通过复盘加强对这些知识的理解，是一种非常有效的学习方法。相较于仅仅阅读书籍或听取他人的经验分享，实战中的学习和实践往往能带来更好的效果。这并不是说阅读书籍或者向他人请教的学习方式不好，而是在这两者的基础上，通过复盘这种形式，对我们学到的东西进行总结归纳，检验成因和结果，我们才能更融会贯通地吸收知识，将其融入自己的能力体系中。

关于如何做一场有效的复盘，我在实践过程中总结出了两种复盘方法，如图 3-6 所示。

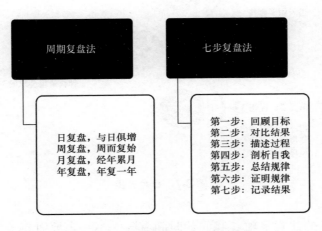

图 3-6　周期复盘法与七步复盘法

3.3.1　周期复盘法

周期复盘法要考虑多长时间复盘一次，什么时候复盘，如何复盘。根据复盘周期的长短，我们可以把复盘分为短期复盘和长期复盘两大类。短期复盘包括日复盘和周复盘，长期复盘包括月复盘和年复盘。

1. 日复盘，与日俱增

日复盘是指从我们日复一日的工作中获得原始的样稿并进行标注和剖析，从微不足道的事件开始复盘，让能力与日俱增。

日复盘的时间：每天晚上睡觉之前。

日复盘的步骤：可以按照图 3-7 的"日盘三步"进行。

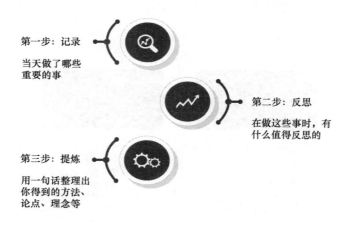

第一步：记录

当天做了哪些
重要的事

第二步：反思

在做这些事时，有
什么值得反思的

第三步：提炼

用一句话整理出
你得到的方法、
论点、理念等

图 3-7 日盘三步

日复盘的注意事项：我们的时间有限，不一定要对每天做的每件事情进行复盘。在复盘时，我们可以遵循以下两个原则选择要复盘的事。

原则一："过三的事"要复盘。有一个成语叫"事不过三"，如果一件事我们要做三次以上，我们就要对它进行复盘，因为它出现的频率高，比如拜访客户、参加会议、发表讲话、制定策略、制定目标等。同时，我们更要对做错三次的事情进行复盘，防止下一次再出错。

原则二：重要的工作要复盘。工作中的重要事情也是我们要重点复盘的对象，比如工作中的重要会议、重点项目、重要技能等。这些重要的事情是决定我们的职业发展前途、工作技能情况的关键，对这些事情进行复盘，能让我们的能力提升得更快。

通过每日复盘，我们可以及时对每天的行为进行反思，并制定改进策略，第二天进行实践和改进。

2. 周复盘，周而复始

周复盘是一周的回顾总结，聚焦当下的主要机遇与挑战，有重点地进行突破，让能力持续得到提升。

周复盘的时间：周日晚上或周一早上。

周复盘的方法：周复盘不是将这一周的事情像放电影一样在脑海里全部"放映"一遍，而是根据本周目标进行复盘，只复盘本周我们在生活、工作或学习上的关键事情。比如，本周你的工作重点是签下一个订单，那么你可以复盘以下内容。

- 接触了哪些客户？
- 是否成功签单？
- 如果没有完成，原因是什么？
- 如果完成了，成功的经验是什么？

……

通过周复盘，我们可以明确上一周工作或学习中的优势与不足，用以指导下一周的行动。

3. 月复盘，经年累月

月复盘是对过去一个月所发生的事情进行回顾，将短期行为和长期行为关联，将每天的行动、每周的行动和年度目标连接起来。这一过程重在检视目标和成果，让能力持续提升。

月复盘的时间：月末或月初。

月复盘的方法：按照图 3-8 的"月复盘三步"进行。

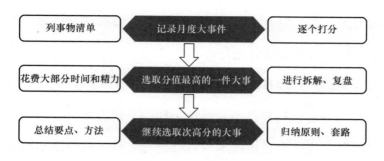

图 3-8　月复盘三步

4. 年复盘，年复一年

年复盘是指对过去一年所发生的事情进行盘点和总览，核计年度成果并制订新的年度计划，主要是从战略层面进行检视，要站在一个更高的维度审视自己，让自己的能力持续提升。

年复盘的时间：本年年末或下年年初。

年复盘的方法：对一年的所作所为进行复盘，回顾一年所做的事情，从过去、现在、未来三个维度全方位梳理，找出定位点、发力点，并制订新的年度计划。

梳理过去一年的工作情况，具体包括以下几个方面。

• 今年一共完成了多少个项目？

• 年初制定的目标是否达成？

• 没有达成目标的原因是什么？

• 达成目标的经验是什么？

• 完成这些项目时有什么心得体会？

- 学习到哪些新的工作技能？

- 拥有了哪些新的人脉资源？

反思过去一年，具体包括以下几个方面。

- 最深刻、最痛的领悟是什么？

- 如何用这个领悟或经验去指导未来的行动？

展望未来，列出未来一年要做的最重要的一件事和必做的 10 件事。

以上就是周期复盘法的完整流程。需要注意的是，为了避免遗忘，复盘时最好用纸笔、电脑、手机备忘录等工具记录下来。有时候，我们在前一天晚上复盘的内容，在经过一夜的休息后，第二天很可能就全然忘记了。因此，记录下来可以帮助我们更好地回顾和巩固复盘的成果。

3.3.2　七步复盘法

除了周期复盘法，我们还要掌握复盘的流程。许多企业家、学者总结了复盘的方法和步骤，我在学习了联想的复盘方法后根据自身实践，总结出七步复盘法，供大家参考。

1. 第一步：回顾目标

七步复盘法的第一步是回顾目标。回顾目标是**回想我们在执行前设定的目标**。通过回顾目标，我们能评判自己做的事情是否成功。判断目标的达成情况，往往需要从两个方面出发。

- 我们是否在"质"上达成目标？

- 我们是否在"量"上达成目标？

"质"是指目标达成的品质；"量"是指目标达成的数量。比如，我在给团队设定下个月的业绩目标时，要求他们完成500万元的业绩目标，这个目标是关于"量"的；如果我要求他们又快又好地完成500万元的业绩目标，这里的"又快又好"就是关于"质"的目标。

关于"量"的目标很好衡量达成情况，但关于"质"的目标不好衡量。比如，上文我提到的"又快又好地完成500万元的业绩目标"，什么是"又快又好"呢？很难衡量。于是，在制定目标时，我需要把目标制定得更加清晰、好衡量。比如，可以把"又快又好"改成"在20天内完成500万元的业绩目标，并且客户投诉率为零"。

在复盘开始时，我们要将目标或目的展示出来，放在显眼的位置，这样可以确保我们时时看到目标，复盘时不偏离目标，保证复盘的方向始终是正确的。

2. 第二步：对比结果

七步复盘法的第二步是对比结果。对比结果是指我们回顾完目标后，将目标与实际结果进行对比，找出实际结果与目标之间的差距。

在对比结果和目标时，可能会产生四种情况。

• 结果超出了目标，实际情况好于预期目标。

• 结果和目标一致，实际情况等于预期目标。

• 结果没有达到目标，实际情况比预期目标差。

• 达成结果的过程中出现了新情况，实际情况和预期目标之间存在差距。

对于前三种情况，我们都可以很好地评判目标是否达成了，但在遇到第四种情况时，我们可能无法准确地判断目标是否达成。例如，你打算学会英语，以便和客户交流，但学了两天，又意外接触了法语，发现自己对法语非常感兴趣，转而学习了法语，最后获得了法语等级证书。在这种情况下，你或许会说："我学习了法语，也算达成了目标。"但你最初的目标是学习英语，因此即使你的法语学得再好，也没有达成学好英语的目标。

清楚了如何评判结果和目标后，我们可以将结果和目标用表格的形式绘制出来，使对比情况一目了然，见表 3-3。

表 3-3　目标与结果的对比

类别	目标	结果
结果 > 目标		
结果 = 目标		
结果 < 目标		
出现新情况		

通过对比结果和目标，我们能够做到心中有数，明确自己做得到底怎么样。注意，我们对比结果和目标的目的**不是发现差距，而是通过差距发现问题**，进而思考为什么会产生这样的差距。

3. 第三步：描述过程

七步复盘法的第三步是描述过程。描述过程是指我们在回顾完目标以及对比完目标与结果后，**将执行过程描述出来**。

为什么要有这一步呢？我们对比完目标和结果后直接分析差距产生的原因不行吗？不行。如果不描述执行过程，我们有可能遗漏或忽略一些细节，而这些细节很有可能就是关键点。同时，描述执行过程，能让和我们一起复盘的人清楚地知道我们是怎样做的，建立共同思考的基础。

在描述过程时，我们应当遵循三大原则——**真实、客观、全面**。描述过程时要尽可能真实、客观、全面地将自己执行时的做法、所掌握的信息呈现出来。具体怎么描述呢？在此我分享一个方法——关键点法。关键点法是将整件事情分成几个阶段，回顾每个阶段我们是怎样做的，说出每个阶段的关键点。

例如，你要描述上个月自己的业绩达成情况，那么你首先要将一个月按照时间顺序分为三个阶段：1~10 天，11~20 天，21~30 天。其次，依次描述自己在这三个阶段分别做了哪些事情，取得了什么结果，见表 3-4。这样一来，整个过程非常清晰，分析起来更加高效。

表 3-4　关键点法描述过程示例

阶段	做法	结果
第一阶段：1~10 天		
第二阶段：11~20 天		
第三阶段：21~30 天		

4. 第四步：剖析自我

七步复盘法的第四步是剖析自我。剖析自我是指我们在描述完过程后，**对自己做过的事情进行分析和反思**，从中找出问题、汲取经验和教训。

剖析自我并非易事，人总是愿意展示自己做出的成绩，不愿意承认自己犯过的错误。但请记住：复盘就是一个"治病"的过程，我们要找到自己的"病灶"，才能对症下药。在这个过程中，我们一定会感到痛苦、不舒服，但没有这些痛苦、不舒服，我们就永远找不到"病灶"。

"温水煮青蛙"式的复盘是没有必要的。我们在剖析自我时，要**客观、真实**。

如何剖析呢？我们可以从两个方面出发。

- 剖析哪些结果是主观造成的。
- 剖析哪些结果是客观环境造成的。

这两个方面可以用可控性来呈现。完全由主观造成的，是"完全可控"的；主观和客观环境各占一半的事情，是"半可控"的；完全由客观环境造成的，是"不可控"的。我们可以在剖析时列出表格，见表 3-5。

表 3-5　剖析事情的可控性

可控性	第一阶段	第二阶段	第三阶段
完全可控			
半可控			
不可控			

根据事情的可控性，我们可以在剖析自我时分别询问自己以下问题。

• 对于完全可控的事情：我是否尽力做到了最好？是否达成了目标？如果没有，原因是什么？

• 对于半可控的事情：在我可控的范围内我是否做到了最好？是否在做事前与他人沟通到位、对客观环境分析到位？

• 对于不可控的事情：我是否尽了最大的努力尝试保证不可控的事情按照我的预期目标发展？是否随时跟进并积极促进？

在自问的过程中，我们给出答案，进而剖析自我，最终明白自己哪里做得不足，哪里可以做得更好。

5. 第五步：总结规律

七步复盘法的第五步是总结规律。总结规律是指**对上述复盘中得出的规律性的结果进行总结，形成符合真相的认识**，为后续工作、生活提供借鉴和指导。总结规律是复盘中最重要的一步，前面进行的所有步骤都是为了得出正确的规律。

总结规律并不容易，需要多次、反复验证。过于轻易或迅速总结出来的规律，很有可能是假的。假如，你是一位洗衣机销售员，有一天你在一个路口恰好碰到一位路人询问你在哪里可以购买洗衣机，于是你领着这位路人到你所在的门店购买了一台洗衣机。于是你得出结论：每天去那个路口等候就能碰到想要购买洗衣机的人。

这是规律吗？显然不是。这只是偶发事件，就像"守株待兔"一样。看到这里你可能会说："这么低级的错误我不会犯。"当我们跳脱出来看这个案例时，当然觉得自己不会犯同样的错误，但当我们置身其中时，就会很容易被迷惑。

之所以会出现这样的情况，是因为我们没有仔细区分事物之间的关系，错把事物之间的关系当成了因果关系。比如，我们做了事情 A，得到了结果 B，那么我们就得出结论：要想得到结果 B，就要做事情 A。但事实往往并非如此，做事情 C、D、E 等都能得到结果 B。比如，我们学习了新的营销方法，业绩有所提升，我们将这个结论奉为规律。于是每次想提升业绩时，我们都去学新的营销方法，但学着学着会发现无论用什么方法都提升不了业绩，为什么呢？因为新的营销方法并不是决定业绩的根本原因，这两者之间不存在必然的因果关系。

所以，在总结规律时，我们要做的事情是找到逻辑背后的逻辑，也就是找到起决定性作用的关键点。

6. 第六步：证明规律

七步复盘法的第六步是证明规律。证明规律是指**验证规律的可信度，确认规律是否成立**。规律之所以被称为规律，是因为它具有普适性，在任何事物上都能见效。如果我们不能确定规律是不是真的规律，我们就要证明。

怎么证明呢？我们可以选择类似的案例来证明。

假如你是一家企业的创始人，创业初期你的企业急需员工，于是你"广撒网"招聘了很多新员工。这些新员工有的很优秀，有的能力一般，但因为急需招人，你并没有放弃那些能力一般的人。两年后你发现，留下来的都是一开始就很优秀的人，那些能力一般的人，要么因为能力跟不上被辞退，要么因为自己顶不住压力辞职了。于是你得出了一个结论：要招出色的员工，而不是一般的员工。怎么证明这个结论是不是规律呢？在后续招人时，你可以通过以下两种情况证明。

• 招聘 20 位能力优秀的员工，看看他们的工作表现如何，是否能在企业待两年。

• 招聘 20 位能力一般的员工，看看他们的工作表现如何，是否能在企业待两年。

通过招聘这 40 位员工，大概能够证明你的结论是否正确，是否是规律。你还可以通过询问其他企业家朋友，获取他们的相关样本进行分析。样本越多，越能接近事情的真相。

7. 第七步：记录结果

七步复盘法的第七步是记录结果。记录结果就是**将复盘的过程、结果、得出的规律等记录并存档。**

记录能保留最真实、最准确的信息。有的人认为记录结果不重要，只要将得出的规律记在自己脑海中即可，也许一天、三天或五天内，我们能记住复盘得出的规律，但如果长时间没有将这个规律运用到实践中，我们很快就会忘记，这是一种极大的浪费。

同时，我们从复盘中得出的规律，不仅可以为我们所用，还可以与他人分享，比如上司、下属、同事、朋友等。在分享之前，我们需要将这些规律记录下来。那么，如何记录才是最恰当的呢？我为大家整理了一份复盘总结表，供大家参考，见表3-6。

表 3-6　复盘总结表

复盘事件	复盘记录
时间	
地点	
人员	
事件目标	
事件结果	
事件过程	
做得好的地方	
做得不好的地方	
成功的关键因素	
失败的根本原因	
总结出的规律	
可参考的案例	

以上就是七步复盘法的全部内容。不同类型的复盘有相似的步骤，但在具体的复盘过程中，我们可以不严格按照步骤进行，根据实际情况灵活运用，只要最终得出有帮助的结论即可。

我们要在复盘之后，将得到的方法、总结的规律投入到后续实践中，然后在后续实践中继续复盘，形成复盘—提高—再复盘—再提高的正向循环，让复盘成为一种习惯，并在此过程中不断提升自己的能力。

让我们从现在开始养成复盘的习惯吧！

小试牛刀

本节练习
1. 请你按照周期复盘法的步骤和要求，将日复盘、周复盘、月复盘、年复盘的内容写下来。

2. 请你按照七步复盘法的步骤和要求，复盘某一个项目或工作，并写下每一个步骤。

第 4 章

影响力

说对话，做对事

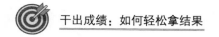

导读

干出成绩要修炼的第四种能力是影响力。

要想"正确地做事"，除了修炼学习力，还要修炼影响力，这是一个人"干成事"的关键。学习力决定了一个人是否能干事，影响力决定了一个人是否干成事。

一个人随时随地、无时无刻不在产生影响力，同时也在受到他人的影响。如果下述问题中的任何一个曾经或此刻正发生在你的身上，那么你该考虑修炼你的影响力了。

* 面试时，你是否因为没能留下积极正面的印象而失去了新工作或晋升的机会？

* 在开会或与同事、上司讨论时，你是否始终说服不了对方？

* 在销售产品时，你是否很难让客户成交？

* 在教育孩子时，孩子是否不接受你的意见？

1. 什么是影响力

影响力是一种人格魅力。在某些情况下，一个人会因为别人的影响力而产生意识或者行为上的改变，这种改变是潜移默化的，也是自愿的。

影响力是用一种别人乐于接受的方式，改变他人的思想和行动的能力。直白地解释，影响力就是能让多少人听到我们说的话并听我们的话的能力。

影响力有高低之分，麦克斯韦尔博士把影响力分成五个层级，即职位影响力、人际关系影响力、组织影响力、依靠发展人力产生的人员影响力、目标影响力。下面，我用直白的话来解释影响力的五个层级。

- 第一层：我们的职位、身份给他人带来影响。
- 第二层：我们的人际关系给他人带来影响。
- 第三层：我们的事迹、言行、思想给他人带来影响。
- 第四层：我们帮助他人达成目的，从而给他人带来影响。
- 第五层：我们拯救了他人的生活与灵魂，从而给他人带来影响。

人人都有影响力，只是影响力大小不同罢了。

2. 为什么要修炼影响力

现在以及未来，影响力是一个人干成事的核心力。

　　人口红利已经过去，商业困局接踵而来。产能过剩，同质化产品竞争严重，线下业务萎缩，线上业务施展不开……很多人都在努力转型，投入自媒体、短视频、直播等，投入大，但收效甚微。在这种情况下，应该如何破局呢？

　　答案是：修炼影响力。**三维世界有三大杠杆，即权力、金钱和影响力。**任何人想要干出成绩，都要用到影响力这个杠杆。那些能够影响他人的人、有高情商和操盘能力的人，都是通过修炼自身影响力，向下扎根，向上生长，横向影响，这才有了令人敬佩的领导力。

　　在互联网的时代背景下，影响力变得愈发重要，它将直接影响每个人在未来的生存与发展。拥有影响力意味着我们就是人群中的焦点，能

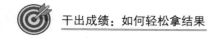

将人、信息和资源有效整合，从而成就一番事业。正如罗振宇所言："**职场，以至于未来社会，最重要的资产就是影响力。**"

当我们观察那些成功人士，比如比尔·盖茨、马克·扎克伯格、史蒂夫·乔布斯、任正非、柳传志等，会发现他们对金钱、权力和影响力有相似的看法——相比金钱、权力，他们更看重影响力。

乔布斯的身上有无数让人着迷的特质，比如坚韧不拔、知难而进、勇于创新、敢于冒险等。这位全球 IT 产业最酷的艺术家，创造出了一个又一个商业神话和新奇产品。《史蒂夫·乔布斯传》这本书的扉页上赫然印着 1997 年苹果的广告词：那些疯狂到以为自己能够改变世界的人，才能真正改变世界。事实上，乔布斯不仅改变了世界，也影响了世界。下面这段话是乔布斯于 2005 年 6 月在斯坦福大学毕业典礼上的演讲内容，这段讲话给予无数青年人启迪，让我们一起来重温一下这段话的"魔力"：

你的工作将占据你生活的很大一部分，唯一真正满足的方法就是做你认为伟大的工作。做好工作的唯一方法就是热爱。如果你还没有找到它，继续寻找，直到你找到它。

在人际交往中，我们要么影响他人，要么被他人影响。虽然我们很难像乔布斯一样拥有极大的影响力，但提升影响力的好处不胜枚举。以下是对好处的列举：

- 获得理想的工作。
- 赚更多的钱。
- 影响和说服他人。

- 找到心灵伴侣。

- 得到上司的赏识。

- 拥有丰富的人脉资源。

- 实现工作和人生的目标。

……

一个人能否干出成绩，拿到结果，在很大程度上取决于自己能够对他人产生多大的影响力。如果我们不提升自己的影响力，就将始终受到他人的影响而无法实现自己的价值。

3. 哪些人需要修炼影响力

答案是：**人人都需要修炼影响力**。

有时候，我们可能会认为"影响力"这个词是企业家、高管的专属词，因为他们要指挥团队落地战略、对外发声。事实上，**影响力无处不在**。我们身边总会有这样的人，他们的三言两语就能左右我们的想法和行动。

当今社会，权威人士越来越难以获得持久的认同，专家越来越难获得信任。影响力变得比以往任何时候都更重要。无论你是哪个领域的从业者，影响力都是实现目标的关键。如果你是一位推销员，想卖出更多的产品，需要用影响力来获得用户的信任；如果你是一位管理者，要想带领团队取得成功，需要用影响力来激励下属；如果你是一位普通的打工人，想要升职加薪，需要用影响力来说服上司认可你的能力。

总之，影响力在各个领域和角色中都发挥着至关重要的作用，拥有影响力意味着能够更好地实现目标。

2020年抖音、快手、B站的年度榜单人物都有着几百万、上千万的粉丝关注，但90%的人不属于先锋、艺术家、领袖、偶像及业界泰斗，而是来自美妆、美食、游戏、汽车、剧情创作、音乐、教育等领域的普通人，在各自的领域绽放光芒。比如，抖音博主"张同学"以独特的东北农村场景让网友感受到了别样的精彩，两个月粉丝量突破1400万，他只是辽宁营口市的一位普通农民。这些普通人以不同的方式影响着数万个普通人。

互联网打破信息孤岛，个体价值被最大化挖掘，普通人在网络中的影响力被永久记录，它是个人身份、个人品牌、个人价值、正向网络行为的综合反映，意义重大。所以在现在以及未来的经济社会里，人人都需要修炼影响力，它关系着每个人未来的生存与发展。

4. 如何修炼影响力

在商业时代，如何修炼具有商业价值的个人影响力？这是一门非常高深的学问。

关于影响力的书籍和文章有很多，有的书籍会建议我们改变外貌、使用正确的肢体语言等。这些方法有用，却不太准确。问题出在无论我们在外貌和举止上下多大功夫，缺少了一致性的表达，影响力永远都不够有力。

我以前是一位记者，我要用我的文字和语言表达等影响读者；后来我成为一位企业经营者，我要用我的决策力、洞察力及责任心等带领团队取得成绩，为客户创造价值，影响员工和客户；未来，我可能会成为一位母亲，我要用我的爱，影响我的孩子。

好的影响力如春雨，是润物细无声的。被我们影响的人在行动前可能感受不到，但我们一定是有"预谋"的。这个"预谋"就是方法。根据实践、总结，我提炼了一个影响力公式，它适用于大多数人，最大的好处就是能够立刻落地践行。公式如下所示：

影响力 =（形象力 + 即兴演讲力 + 故事力）× 一致性

如何修炼形象力、即兴演讲力和故事力的具体方法会在后面的内容里详细分享。这里我着重强调"一致性"。什么是一致性？通俗地说，"一致性"是我们说的话、展现的形象和做出来的事等是一致的。

为什么提升影响力要保持一致性呢？如果我们的言辞、行为和形象有矛盾，会被视为表里不一。只有我们的言辞、行为和形象等高度一致，才会带来正面的影响力。比如，你是一位企业经营者，你告诉员工企业的价值观之一是"客户第一"，让员工以客户为中心。可你在与客户见面时穿着随意，与客户沟通时不听客户的意见，甚至在背后说客户的坏话。此时，你的影响力的一致性就被破坏了，在员工和客户心中，你是一个表里不一的人，你就无法影响员工和客户。

注重影响力的一致性并不是让我们时时刻刻关注自己的行为举止中的每一个微小细节，拿着放大镜看自己，而是思考自己在他人面前呈现的样子是否与我们的身份、职位、价值观等一致。如果我们想被视为拥有强大专业力的人，我们就要以一身简约大方的职业装展示出自己干练的形象，这样我们才能清晰、简单、高效地传达信息。

影响力的修炼并非一朝一夕的事，需要长期遵循"影响力公式"，坚持在情（故事力）、理（即兴演讲力）、法（形象力）三方面持续努力，并且保持一致性。

在正式开始影响力修炼之旅前，请允许我把原则说在前面："影响力公式"仅仅是修炼影响力的工具或方法，至于结果如何，离不开一个原则——利他，即我们怀着什么样的目的去影响他人。是成就他人，还是利用他人？请在阅读之前，认真地思考这个问题。利他就是极致的利己。

4.1 形象力：别指望别人只看内在

我曾经面试过一位毕业于名校的高材生小陈。小陈来我们的企业面试之前，经历了无数次面试，最后都以失败告终。这一次，小陈与其同学同时受到邀约来我们的企业参加面试。他的同学全副"武装"，发型整洁、面容干净、西装革履，看起来俨然是"白领"了。而他依然是"T恤+牛仔裤"，他认为"我的专业能力很厉害，不需要外在这些虚头巴脑的东西"。结果当他走进面试室时，看到在场的面试者不但精明强干，而且气势压人。他那不修边幅的休闲装，显得格格不入。小陈这次面试又失败了，而他的同学则进入了复试。小陈说："根据面试官看我的眼神我就知道面试结果了，他们的眼神里透露出不信任。事实上，我的专业成绩比同学的好很多，为什么他能入围，我却屡遭淘汰呢？"

小陈为什么会被企业淘汰？答案很简单：没有人有义务通过他不得

体的外在去发现他优秀的内在。

试想一下，如果你是企业的面试官，正在面试室等待前来参加面试的应聘者。结果等来了一个穿着运动鞋、牛仔裤，说话结结巴巴的人，他的个人形象是否会让你相信他具备良好的商务礼仪素养？虽然"人不可貌相"，我们不能肤浅地用外表来衡量一个人，但对方不合时宜的形象展示，会给第一印象扣分。要知道，没有人愿意通过"邋遢"的形象，了解你高尚的灵魂。

什么是形象力？形象力要高于形象，是一个人综合修养的外在表达。英国形象设计师罗伯特·庞德说："这是一个两分钟的世界，你只有一分钟给人们展示你是谁，还有一分钟让他们喜欢你。"商业心理学的研究告诉我们："人与人之间的沟通所产生的影响力和信任度来自 7% 的语言、38% 的语调和 55% 的形象。"心理学上有一个"首因效应"，说的是交往双方形成的第一印象对今后交往关系的影响，即"先入为主"的影响。而第一印象 80% 是由我们的外在决定的。这些规律告诉我们：一个人的形象力就是影响力。

如果你是一家企业的经营者，你的形象就是企业形象的"放大镜"，你需要通过"高度职业化"的形象影响广大客户，让他们认可你。

如果你是渴望升迁的基层管理者或员工，你的形象就是晋升的"通行证"，你需要通过"能力强"的形象影响你的上司，让上司提拔你。

如果你正在寻找一份合适的工作，你的形象就是面试成功的"奠基石"，你需要用"能力优秀、价值观匹配"的形象影响面试官，让他录用你。

如果你是一位老师，你的形象就是教学能力的"展示台"，你需要通过"教学水平高"的形象影响学生和学生家长，让他们信任你。

一个人的形象里藏着他未来的样子，呈现给别人什么样的形象决定了我们有什么样的未来。

智慧的人从来不讨论是外在形象重要还是内在能力重要，因为不管注重哪一种形象，人们看到的，永远先是外在形象。所以一个人如果想干出成绩，一定要注重外在形象。如果时至今日，你还觉得形象不重要，那么你可以直接跳过这一节的内容；如果你认为我说的形象力仅仅是指外表，你可能对形象力的理解出现了偏差。

在这个形象力即影响力的时代，我们应该长期致力于塑造、管理和维护自己的形象。那么，如何有效地修炼形象力呢？一个人的形象力可以从内在形象、社交形象和外在形象三个层面来修炼，如图4-1所示。

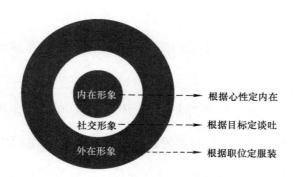

图4-1 个人形象力修炼"三定"

我们要想修炼有影响力的形象，就要从个人形象力的三个层面入手，做好"三定"。同时，只有三者呈现出来的形象具有一致性，才能"强强联合"。否则，就会出现"你认为的自己"和"别人眼里的你"不同的情况。

4.1.1　根据职位定服装

在修炼形象力的过程中，修炼外在形象力是第一步，是起点。它决定了我们在他人心中的第一印象，可以帮助我们精准、高效地表达自己，吸引对方，影响对方。

修炼外在形象力很简单，有且只有一个重点：**根据职位定服装——我们想成为什么样的人，就穿成什么样**。这一点很好理解。比如，我们是一位应聘者，要参加企业某岗位的面试，我们就穿成应聘岗位所需要的样子。

我所在的行业是一个诠释美的行业，我遇见过不少人，有强烈的晋升渴望，可他们似乎从未想过要把着装打扮列入自己的努力事项。他们没有意识到，自己的穿着不职业，不足以起到振奋、激励的作用，反而时时在向外传递"我太忙了，我并不享受工作""我不重要，不必在意这种细枝末节"的消极态度。

作为职场人，每个人都要思考自己与别人有什么不同，只有善于将自我定位与职业形象融合起来的人，才能建立自己的个人品牌。比如，我是一家企业的创始人，我将自己的外在形象定位为专业、知性、温暖的女性领导者。多年下来，无论是行业内还是媒体报道中关于我的描述，这三个特质出现的频率都非常高，让我逐渐建立起了稳固的个人形象力。

如果你确实不知道自己穿什么，摸不着门道，我建议你可以向行业领域中的标杆"取经"。比如，Facebook 首席运营官谢丽尔·桑德伯格、主持人董卿等或许可以成为女性的学习对象。我们只需要观察她们的穿搭风格，按照她们的风格去挑选最适合自己的服饰即可。

在不同场合，我们需要要塑造的外在形象也不同，在选择时，我们可以遵循一个基本原则：根据职位定服装。在决定穿什么之前，我们可以问自己：你的穿着是否能为你的专业性增色添分？

4.1.2　根据目标定谈吐

除了外在形象，社交形象也是修炼形象力的重要方面。

什么是社交形象？在各种社交场合，无论是线上还是线下，他人对我们的认知就是我们的社交形象。

为什么要修炼社交形象力？因为一个人呈现出来的社交形象是什么样，就会吸引来什么样的人。

如何修炼社交形象力？社交形象力的内容很广泛，包括精神面貌、言态举止、待人接物等多个方面。这里，我把焦点放在"说什么"上。我们说什么才能提升我们的社交形象？

根据目标定谈吐。每一次说话，根据我们要达到的目的来确定我们的说话方式或内容。具体怎么做，有两个要素：说清楚和说"我们"。

1. 说清楚：把事说清楚，让对方听得懂

沟通能消除一切障碍，但沟通解决问题的前提是说清楚，达成共识，否则说再多也是无效。所以，把事说清楚，让对方听得懂，是沟通

最基本的要求。

在创办企业的初期，我在听管理者做年终总结汇报时，发现很多管理者做了几十页 PPT，每一页都密密麻麻写满了字。他们在讲述时，滔滔不绝、口若悬河。可我听了半天，没听出所以然来。这是许多人在表达时的通病——把简单的事情复杂化。人们为了证明自己，总是想尽办法多说。可如果有人问听众有什么感受，十有八九会得到这样的回复："好像听懂了，又好像没听懂。"对于这类人，我的建议是在说前确定好沟通目标，围绕这个目标去沟通。

在一次企业内部的会议上，我的发言只有 15 分钟，但参会的所有人都听懂了我的话。会后，有高层管理者询问我："于总，您是如何让15 分钟的发言都有价值的？"我回答他："这个发言虽然只有 15 分钟，但我修改了十次发言稿，每次都在想办法把我的意思以最准确、最精炼的方式传达出来。"

我的发言由这些要素组成：开场白（问好）——陈述观点（清晰）——论证观点（分点）——总结观点（强调）——行动号召（有力）。看到了吗？我的目标很明确，就是表明我的观点，并向他人证明我的观点，最后号召他们行动，仅此而已。

为了确保我的表述能被对方充分理解，我尝试了许多有效的沟通方法。在此，我将这些方法罗列出来，供大家参考借鉴。

- 否定法：将自己的想法全部列出来，再将其中的废话一一删去。

- 假设法：假设自己是听众，思考自己是否能听懂。

- 价值法：思考自己所说的每句话的价值。

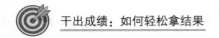

2. 说"我们"：把"我"改成"我们"，拉近双方距离

说话时，以"我"代入和以"我们"代入，给人的感觉完全不同。在开口说话时，我们要注意这样的细节，多说"我们"，用"我们"来做主语。善用"我们"对塑造我们亲切有礼的形象、促进我们的人际关系有很大的帮助。

正如福特汽车总裁亨利·福特二世描述令人厌烦的行为时说："一个满嘴'我'的人，一个独占'我'字、随时随地说'我'的人，是一个以自我为中心的人，是一个不受欢迎的人。"在人际交往中，讲"我"讲得太多并过分强调"我"，会给人突出自我、标榜自我的印象，会使对方渐渐感受到你的自我，对你们的交往会形成障碍。因此，谦卑有礼的人会懂得多用"我们"来使周围的人产生认同感，使对方感到被尊重。

说话时把"我"改成"我们"，最大的作用就是让听者心里高兴。说"我们"，听者心里高兴，对我们自己有好处；说"我"，听者心里不高兴，对我们自己没什么好处。既然这样，聪明人就应该多说"我们"，少说"我"。

4.1.3　根据心性定内在

修炼外在形象和社交形象后，我们还要修炼内在。如果一个人的外在和内在不一致，就像在迈左脚时伸出右脚绊左脚，很快会因为肢体不协调而摔倒。内在形象包含状态管理、感同身受的能力、爱的能力等。好的内在会让人的整体形象得到升华。

如何修炼内在？古人常说的"腹有诗书气自华""蕙质兰心"，说明一个人的内在是靠学识、涵养、品格的积累逐渐形成。为了不断提升自己，我们应当有意识地充实自己，坚持阅读和学习。如果我们成为善良、平和、从容、有知识、有内涵和品德高尚的人，即使站在那里不说话，我们也能对他人产生正向的影响。这些观点在许多书籍中都有提及，并且说的没有错。

这里，我想换一个角度与大家探讨如何修炼内在。内在源自哪里？来自我们的内心。**心是一切的源泉**。在《心：稻盛和夫的一生嘱托》这本书里，88 岁的稻盛和夫回顾自己经营企业的成功经验，总结了自己的经营哲学核心——**一切始于心，终于心**。在这本封山之作里，稻盛和夫这样写道："人生由'心'开始，到'心'终结。这就是我在八十多年的人生中证得的至上智慧，也是度过美好人生的幸福秘诀。"人生中发生的一切事情都是被我们的内心吸引而来的，在内心描绘的蓝图决定了我们将度过的人生。所以，一个人如果想修炼自己的内在，便要改变自己的内心，从"心"上下功夫，根据心念定内在。

"一念一世界，一切皆由心。"这是我经常说的一句话。万事万物的形成都来源于心念。所有发生在我们身上的事，都是经由自己当下的认知和心念感召而来的。一念起，行为有了，我们的世界便形成了。我们买下一双鞋，是动了"想要"的心念；我们走进一家餐厅，是起了"想吃"的心念；我们看的电影、听的音乐、读的书籍，皆源于投资者、创造者的心念；我们的求学、求职、晋升，无一不是由我们的心之所念做出的各种选择，最后组成我们的人生。这一切都在预示着我们要想真正向前一步，要回到我们的心，从"心"开始下功夫，欲成事，先修心。

如何修炼自己的心性呢？修炼心性的关键是要我们先清除自己的杂念，让自己保持空杯心态。所谓"空杯心态"，就是忘却过去，特别是忘却成功，不断学习，与时俱进。很多人已经积累了一定的工作和生活经验，通常会带着自己已有的认知看人、看事、看物。我们的所见和结论都是自己内心的投射。当我们带着一颗装满了"我觉得"的心与世界对接、与他人对接时，时常会出现偏差、误解和冲突。只有时时保持谦卑的态度，带着"空杯"的心态去对待每一天，才能做到"心有多大，世界就有多大"。

一个人内心的美好将引领其走向美好的未来。我们的内在美好会催生外在美好，从而进一步产生能影响他人的美好。

这便是修炼影响力的三个核心关键点。在处理事情时，我们要抓住主要矛盾，只要我们做好这三点，我们的形象力便会逐步转化为影响力。

最后我要着重说明一点，成功塑造一个好的形象可能需要一年、三年、五年甚至十年，需要付出很多的努力，但毁掉它可能只需要一分钟、一件事。比如，以诚信、优质著称的企业生产劣质产品，会流失大批客户；一直标榜博士学历的作家被爆出学历造假，其人品将受到严重质疑。在短时间内维持一个稳定的形象很容易，但在长期维持形象的过程中，我们很有可能遇到突发事件，从而做出不符合形象的事情。温馨提示，当你在某些时刻可能做出违背形象的事情时，一定要三思。一旦做了，可能需要用十倍、百倍的努力去改正。

小试牛刀

4.2　即兴演讲力：一开口就征服所有人

2019 年 9 月，我受邀参加一场企业家交流活动。在分享环节，现场主持人随机邀请企业家上台进行分享，分享的主题是"企业目前面临的困境"，我本不以为意，可没想到主持人下一秒就挑中了我。虽然我曾在企业内部给管理者和员工做过无数次分享和演讲，但面对台下如此多的企业家，我的内心还是充满了惶恐与忐忑。我强装镇定地走上舞台，灯光打在我的脸上，很热，也很晃眼，我甚至看不清台下人的脸。定了定神后，我开了口："我现在就面临着一个巨大的困境。"台下哄然大笑，我也随之放松下来，与现场的企业家分享了自己在经营企业的过程中遇到的困境，并取得了不错的效果。

这场即兴演讲点醒了我，它让我意识到我们每个人都应该具备即兴演讲的能力。

什么是"即兴演讲"？"即兴演讲"又叫"即兴发言""即兴讲话"。"即兴演讲"是我们事先未做任何准备，临场因时而发、因事而发、因景而发、因情而发的一种表达方式。

为什么我们要修炼即兴演讲力？即兴演讲在工作中出现的概率非常大，大到像我一样突然被邀请登台在上千人面前发言，小到团队成员之间为做成一件事进行一场辩论、和管理者进行薪资谈判等，都是即兴演讲。对于大多数人来说，我们没有太多的机会登台做一场气势磅礴的演讲，在工作中、生活中接触的大多是即兴演讲。比如，你在电梯里偶遇企业 CEO，他问你"最近工作怎么样"，你吞吞吐吐地与他"尬聊"2 分钟，最后忐忑不安地离开。从表面看，你只是不知道如何与管理者沟通；事实上，你可能失去了和管理者展开对话的机会，失去了发展的机会。

如果我们拥有即兴演讲的能力，便能自如地掌控每一个发言瞬间，利用每一个机会来吸引和启发同事、团队、管理者、客户、朋友和家人，获得他人的尊重和认可，影响他人，为自己赢得更多机会。

如何拥有即兴演讲的能力？

每个人都是一个或多个领域的"专家"，如果遇到自己擅长或感兴趣的话题，我们可以高谈阔论，但要让我们的即兴演讲有意义、鼓舞人心、有影响力，则需要不断练习。历史为我们提供了很多例证，许多伟大的演讲家并非一开始就是演讲天才，他们也曾像我们一样对演讲感到恐惧、不知道说什么等，但他们通过不断练习、总结方法，最终成为即兴演讲的高手。

大家都听说过沃伦·巴菲特投资有道，但你知道这位"股神"在20 岁前完全无法在众人面前演讲吗？据巴菲特自述，20 岁以前，他完全无法公开演讲，光是想到要在众人面前讲话，就全身不舒服，甚至会想要呕吐。为了提升自己的演讲能力，巴菲特在哥伦比亚读大学时报了卡耐基的演讲课，毕业后，又报了沃利的演讲课，之后还去奥马哈大学自愿教学。为了做好投资这件事，干出成绩，巴菲特一直在挑战自己。后面大家看到的巴菲特在任何场景中都能侃侃而谈，通过现场直播让整个世界都能看到他在股东大会上花几个小时回答大家的各种问题。

巴菲特说："有一件事你是必须做的，不管你喜欢与否，那就是轻松自如地当众演讲，这可能得花些功夫，这是一种财富，将伴随你五六十年之久，如果你不喜欢这样做，那就是你的不利条件，同样会伴随你五六十年。这是一项必备技能。"

为了帮助大家在各种场合更高效地练习即兴演讲，我为读者总结了一种简单易行的方法，称之为"即兴演讲三公式"。这一方法适用于各种场景，包括在会议中发表观点、在电梯里回答管理者的问题、在社交聊天或团队聚餐时发表意见等。即兴演讲的最大痛点在于如何有条理地开口，让发言具备逻辑性，而掌握"即兴演讲三公式"，将使你的发言富有逻辑，一开口就能赢得众人的认可。

4.2.1 "问原方法"：问题＋原因＋方法

练习即兴演讲的第一个公式是：**"问题＋原因＋方法"**。为了方便读者记忆，我称其为"问原方法"。

"问原方法"具体如下。

- 问题：客观描述存在的问题。

- 原因：分析产生问题的原因。

- 方法：针对问题的解决方法。

如何用"问原方法"来练习即兴演讲呢？当我们在生活中或工作中被问到问题时，可以采用"问原方法"。这一方法的使用场景非常广泛，比如，在开会的时候被管理者点名发言；在电梯间被管理者问及项目进度时；在项目出现问题，面对客户质疑时。下面，我们来演练一下。

在周例会上，管理者突然询问你："本月的业绩目标能达成吗？"此时，你可以采用"问原方法"来做即兴讲话。

先说问题："本月已经过去了 17 天，达成了 1/3 的目标，目标进度有些滞后。"

再说原因："因为马上要迎来国庆节，大部分客户都处于观望状态，想等国庆节优惠力度大时再购买产品。"

最后说方法："关于接下来的 13 天，我的想法是提前开启国庆节预热活动，尽可能多争取客户，努力达成本月目标。"

你说完后，管理者既清楚地知道了当月的目标达成进度，又知道了问题及对应的解决方法。这样一来，如果管理者认为你的解决方法可行，便会认可你，为以后的升职加薪创造机会，你做到了向上影响；如果管理者认为你的解决方法不可行，会提供更好的解决方法，助力你达成本月目标，你也做到了向上影响。

在日常生活中，运用"问原方法"的即兴演讲公式也能让我们更好地沟通。

有一对夫妻达成了一个共识：妻子负责做饭，而丈夫负责洗碗。有一天，妻子看到洗碗池里的碗没有洗，于是他们进行了以下对话。

妻子："你怎么又没洗碗？"

丈夫："什么叫'又'？我不就是今天忘了洗吗？"

妻子："我只是问一下，你这么激动干什么？是你先做错了事！"

两个人互不相让，吵得不可开交。

对于同样一件事，如果运用了"问原方法"来沟通，可能会产生不同的结果。

妻子："你怎么又没洗碗？"

丈夫："我把洗碗这件事忘了（客观描述问题）。今天的工作任务有点重，吃完晚饭后我工作了一会儿，就没想起来洗碗（分析问题产生的原因）。不过你放心，我现在马上去洗（给出解决方法）。下次我如果忘记了，你也要记得提醒我哦！"

妻子见丈夫态度诚恳，也马上说道："你今天辛苦了，我和你一起洗吧。"

在同一个场景里，采用不同的表达方式，产生的结果截然不同。在生活中，我们可以运用"问原方法"沟通，这有助于避免很多家庭矛盾，促进家庭和谐。

因此，在即兴演讲时，不妨尝试运用"问原方法"进行锻炼与应用。这种沟通方法将有助于解决问题，提升我们在各种场合中的表达能力。让我们从现在开始就操练起来吧！

4.2.2 "观因案结法"：观点＋原因＋案例＋结论

练习即兴演讲的第二个公式是**"观点＋原因＋案例＋结论"**，我称其为"观因案结法"。

如果说"问原方法"使用的前提是出现了问题或现象，那么"观因案结法"则不需要这个前提，只要我们想表达观点，就可以使用"观因案结法"。

"观因案结法"的具体如下。

- 观点：你的观点或结论。
- 原因：为什么你会有这样的观点或结论。
- 案例：举例证明你的观点或结论。
- 结论：总结你的观点或结论。

我们来演练一下。上文中提到的没洗碗的丈夫，也可以采用"观因案结法"表达自己的观点。

首先说观点："我认为我们有必要买一台洗碗机。"

其次说原因："原因有两个，一是我现在工作很忙，每天晚上都要加班，没有时间洗碗；二是我们看上的那款洗碗机正在打折，价格很合适。"

然后举例论证："邻居小李就买了那款洗碗机，他说洗得很干净，耗水、耗电量也不大，最重要的是节省了洗碗的时间，可以做别的事。"

最后下结论："洗碗本来就是我负责的事情，所以买洗碗机的钱我来出，每天把脏碗放到洗碗机的活儿也由我来做。我们买一台洗碗机好吗？"

我相信妻子听到丈夫如此诚恳的话语，很难不同意买洗碗机，这就是"观因案结法"的魔力。

除了在生活中使用"观因案结法"，在工作中我们可以使用"观因案结法"的场景更多。比如，你因为工作需要申请购买工作器材时、你在会议上提出建议时、你说服客户签约时等。我以申请购买工作器材为例进行演练。

首先说观点："领导，我需要购买一台专业摄像机。"

其次说原因："因为我在运营企业宣传账号时，需要拍摄大量的视频和图片，用普通手机拍摄效果不好，不利于账号'涨粉'。"

然后举例论证："我曾经借用过一台专业摄像机拍摄了一段视频，发布在企业宣传账号上，一天内'涨粉'1000人，您看一下，就是 11 月 20 日发布的那一篇。其他视频或图片都是用手机拍摄的，效果欠佳，每日最多'涨粉'300人。"

最后下结论："希望您能同意让我购买一台摄像机，我会仔细考察具体型号和配置再报给您。我相信有了这台摄像机，我们的企业账号会越办越好。"

如果你是领导，你会同意这个申请吗？我相信大部分人很难拒绝，因为有理有据，合情合理。

4.2.3 "感回祝法"：感谢＋回顾＋祝愿

练习即兴演讲的第三个公式是**"感谢＋回顾＋祝愿"，**我称其为"感回祝法"。"感回祝法"的具体内容如下。

- 感谢：开头说几句表示感谢的话，比如，感谢主持人邀请你发言、感谢大家今天能齐聚一堂等。

- 回顾：回顾一件大家有共同记忆的事情，比如"过去 10 年来，我们共同努力，攻克了数百个难题……""今天的情景让我想起来曾经……"等。

- 祝愿：结尾时表示祝愿、畅想未来、表达决心等，比如"祝愿大家越来越好"等。

在使用"感回祝法"做即兴演讲时，要记住现在、过去和未来的时间顺序。"感谢"的是当下的人和事，即现在；"回顾"的是过去发生的事情，即过去；"祝愿"是对未来的畅想、祝福，即未来。

使用"感回祝法"时，更多的是抒发情感，与前两个输出观点的公式有所区别。因此，"感回祝法"的使用场景也与前两个公式的使用场景有所不同，它适用于我们出席各种聚会时的即兴演讲。比如，亲朋好友的婚礼、同学聚会、颁奖会、团队聚会、家庭聚会、孩子家长会等。

下面，我们来演练一下。以在企业 10 周年庆典上即兴演讲为例。

首先说感谢："大家好，非常感谢主持人邀请我上台，更感谢各位领导、同事对我的提携与帮助，让我在工作的过程中得到了快速成长，收获良多。"

其次谈回顾："我是 8 年前加入企业的，那时的我只是刚刚大学毕业、什么都不懂的'菜鸟'，但领导和同事帮了我很多。比如，我的领导明哥在我犯错的时候从不惩罚我，而是教我正确的做法；部门的伙伴们，我们一起并肩作战，攻克了一道道难关。在和企业一起成长的 8 年里，我感受到了企业浓浓的温情，我为能在这样的企业工作感到自豪。"

最后祝愿："最后，我希望企业能够做大、做强，早日成为行业优秀标杆。在 15 周年、20 周年、50 周年庆典上，我们还能共同举杯，欢聚一堂！"

"问原方法""观因案结法""感回祝法"几乎涵盖了所有需要即兴演讲的场景。学习了以上方法后，你对即兴演讲的恐惧感是否减少了？是否觉得即兴演讲也没有那么难？运用这三大公式，我们可以确保自己的每次即兴演讲都有开场白、清晰的观点、证明以及提倡与呼吁。大家可以经常操练，勤练多讲，让自己的即兴演讲越来越顺畅，越来越具有影响力。但请读者注意，我无法确保我们的每一次即兴演讲都能按照这三个公式的顺序进行，大家可以根据具体的场景总结出适合自己的即兴演讲公式。

小试牛刀

本节练习
1. 请你运用"问原方法"，针对下面的题目进行练习。
·我们周围的生态环境如何？
·你本月做出了哪些成果？
·孩子的学习成绩为何这么差？

2. 请你运用"观因案结法"，针对下面的题目进行练习。
·安全生产最重要。
·企业用人以德为先。
·个人命运由个人掌握。

3. 请你运用"感回祝法"，针对下面的题目进行练习。
·团队聚会，被管理者点名发言。
·参加孩子的家长会，被老师邀请发言。
·晋升为管理者，被上司邀请发言。

4.3 故事力：讲好故事得人心

在企业创立第三年的年会上，我哽咽着讲述了过去一年里企业发生的事："今年，我们经历了至暗时刻——业绩下滑，企业随时可能因资金链断裂而破产……每天早上醒来我都在想，到底要不要坚持下去。但当我来到企业，看到大家在不停地打电话邀约客户，大家一次次地被拒绝，然后又接着进行下一轮邀约。那一刻我明白，我绝不能倒下……"

讲完这个故事，台下的很多员工眼圈红润，会场里响起了掌声。那一刻，我感受到我们所有人的心拧成了一股绳。说来也神奇，在创业的第四年，我们挺过了难关，企业不仅没有倒闭，还创造了佳绩。市场还是原来那个市场，员工还是原来的员工，之所以大家力出一孔，克服困难，我认为多多少少和我在年会上讲的事有关。我打动了大家的心，传递给大家战胜困难的决心。

讲故事胜于讲道理。讲好一个故事，可以让冰冷的数据和残酷的事实变得温情，可以触及人内心深处的柔软。

什么是故事力？故事力是用故事思维去看待世界、与世界沟通的能力，它是帮助我们决胜于未来的一种重要思维能力。

故事力为什么如此重要？在互联网时代，教育式、命令式的管理已经过时，会讲故事的人更有影响力。**普通人都在讲道理，顶尖高手在讲故事。**讲故事之所以影响力巨大，是因为它最大的特点是可收敛可发散，只有思考，没有答案。正如畅销书作家纳西姆·尼古拉斯·塔勒布所说："观点转瞬即逝，唯有故事永恒。"

许多人在听到"故事力"这个词时，往往会认为这是演讲家、企业家和作家的专长，自己只是一个普通上班族，不需要讲故事，没有故事可讲，也不擅长讲故事。如果看到这里的你也有这种想法，那么你可能陷入了以下三个认知误区。

- **没故事可讲**：我的人生太普通了，没有波澜壮阔、可歌可泣的故事可讲。

- **不需要讲故事**：我就是一个普通的上班族，不需要讲故事。

- **讲不好故事**：讲故事需要天赋，我比较内敛、不善表达，讲不好故事。

针对"没故事可讲"的问题，我们需要明白，讲故事不一定要有可歌可泣的经历。实际上，我们在工作和生活中遇到的每一件小事都可以被塑造成一个动人的故事。关键是如何挖掘这些平凡事物背后的意义，以及如何将它们呈现得引人入胜。因此，不要轻易否定自己，相信每个人都有自己独特的故事等待被发掘和讲述。

针对"不需要讲故事"的问题，实际上，讲故事是我们生活和工作中不可或缺的一部分。我们向客户介绍企业时，可以讲企业的创立故事；推广产品时，可以讲述产品背后的故事；向企业经营者汇报工作、分析数据或提出建议时，可以用故事思维来提升说服力。在面试时，我们可以通过讲故事来展示自己的特点和优势。

在日常生活中，与伴侣、孩子或朋友沟通时，我们同样可以分享自己的经历。如果能把自己的经历叙述成一个个精彩的故事，不仅能营造轻松愉快的沟通氛围，还能增进彼此之间的了解。总之，讲故事是我们生活和工作中重要的沟通方式。

针对"讲不好故事"的问题，实际上讲故事并不需要天赋。只要你具备基本的交流能力，就能够讲出引人入胜的故事。为了帮助大家提升讲故事的能力，我总结了一套"讲故事三三法则"。这套法则要求每个角色都要讲述三个故事，以便帮助大家从"讲不好故事"的困境中脱颖而出，并实现"用故事影响人"的完美转变。

4.3.1　"打工人"讲三个故事，证明能力

作为普通上班族，你要讲什么样的故事才能证明你的能力呢？

普通上班族要讲三个故事，如图 4-2 所示。

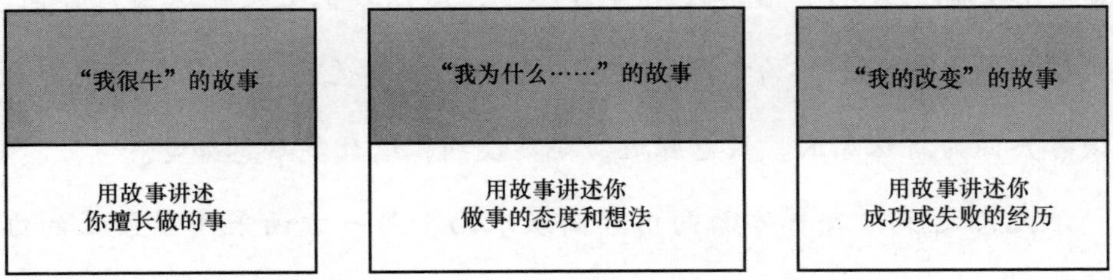

"我很牛"的故事	"我为什么……"的故事	"我的改变"的故事
用故事讲述 你擅长做的事	用故事讲述你 做事的态度和想法	用故事讲述你 成功或失败的经历

图 4-2　"打工人"要讲的三个故事

当你讲完这三个故事，就可以充分说明"我是谁"。这三个故事就是"打工人"的故事锦囊，无论你是销售人员、行政人员，还是管理者，都可以随时随地拿出来讲。

1. "我很牛"的故事

"我很牛"的故事可以应用的场景：社交场合、求职面试、工作汇

报、述职演说等。

讲述"我很牛"故事的目的是彰显自己的能力，故事的重点是描述自己的"丰功伟绩"吗？不是。如果你一味地强调自己取得的成绩，不仅不能证明你的能力，还会让人认为你是一个喜欢自吹自擂的人。讲述"我很牛"故事的重点是先充分描述你曾遇到的困难和问题，制造故事的冲突性，然后讲述你是如何克服困难、解决问题的，让对方感受到你的努力。

例如，华为"心声社区"网站刊登的一位华为员工讲述的《我的海外十周年》文章，就是在讲述"我很牛"的故事。

我印象比较深的是集团统谈的某软件项目，华为希望搬迁友商设备。客户内部支持声音和反对声音参半，所以我们必须快速签订合同，将项目收入囊中。作为该项目的商务经理，我责无旁贷。但是采购部主谈客户因为特殊原因，故意躲避，拖延谈判，这让我心急如焚。

无奈之下，我一方面向内部高层求助，另一方面采用了最笨的办法——'堵'客户。最开始我去客户常去的咖啡馆假装偶遇，但客户总是借口说忙。后来，我索性'不再假装'，就在客户办公大楼休息区候着，只要看到他，就起身去约时间，无论被拒绝几次，不达目标我便'不依不饶'。再加上双方高层之间的沟通，谈判很快走向了正轨。

从这个故事中，我们能看出故事主角是一个充满干劲、坚韧不拔，并且能够想尽一切办法完成工作任务的人。

2. "我为什么……"的故事

"我为什么……"的故事可以应用的场景：社交场合、求职面试、工作汇报、述职演说、创业路演等。

讲"我为什么……"的故事，目的是突出自己的价值观。什么是价值观？价值观是一个人认定事物、辨别是非的思维或取向。直白地说，价值观就是我们在做决策时，什么才是对我们最重要的。价值观具有相对的稳定性和持久性，一旦形成便不会轻易改变。所以我们在选择企业、选择人的时候，不要想着先选择一个价值观不同的人，然后去改变他，而是应该在一开始就尽量选择价值观相同的人。

在讲"我为什么……"的故事时，我们可以采用公式"**价值观 + 冲突 + 行动**"，即因为我坚持了 ××× 的价值观（价值观），所以即使面对了 ××× 的阻力（冲突），我依然做了 ×××（行动）。

比如，我经营企业的价值观是"以客户为本"，我在向客户、员工传递这个价值观时，会采用以上公式讲述故事："我坚持'以客户为本'的价值观，即使企业要因此投入大量成本，我依然要为客户提供高品质的产品。"当然，这只是一个故事梗概，要想让故事更加生动，这个故事可以像下面这样。

"我相信老员工都记得很清楚，在创办企业的第三年，我们遭受了致命打击——竞争对手以次充好，使用质量较差但廉价的原材料生产产品，然后大打'价格战'，将原本售价为 1000 元的产品降价至 600 元出售。我们的很多老客户都被吸引了，有的客户甚至找到我们要求退款，他们认为自己多花了 400 元。可实际上，我们使用高品质原材料生产产品，卖 1000 元本就是微利，如果卖 600 元，那么我们将面临亏损。

一时间，我们不仅没有新增客户，还得不到老客户的信任，难道我们要学竞争对手以次充好？我认为这是不行的，欺骗客户最终会欺骗自己。于是我们咬牙坚持，哪怕三个月没有客户，还赔了不少钱，企业随时可能因资金链断裂而破产，我们依然坚持使用高品质原材料。好在客户比较产品后，发现我们的产品质量明显好于竞争对手，便又选择了我们。"

虽然在这段讲话中我并没有提到"以客户为本"，但我传递出来的价值观却非常明确。讲故事的作用之一就是证明。最好的证明是我们坚守自己的价值观。在讲述这一故事时，我们不仅要告诉对方我们的选择是什么，还要讲述我们做选择的过程，讲述我们在做选择时内心的挣扎和煎熬。如果没有这样的冲突，这个故事是不具备吸引力的，更不能影响对方。

3. "我的改变"的故事

"我的改变"的故事应用场景：社交场合、求职面试、述职演说、创业路演、转型转行等。

讲述"我的改变"的故事，能够让对方了解你的过往，知道你为什么会是现在的样子，明白你的价值观是在何种环境下被塑造出来的，从而更了解你、认同你。

讲述"我的改变"的故事有一个常用公式：**我的过去 + 我的改变 = 我现在的样子。**

我们来演练一下。假设你是一位家庭主妇，孩子上学后你的时间多了，想重新出来找工作，可你已经脱离了职场五年，如何让企业面试官接受并认可你呢？如果面试官问起你为什么当了五年家庭主妇，又重新出来找工作，你说："孩子上学了，我有时间了。"面试官会选择你吗？

　　你的每一种转变，背后都应该有一个或多个动机支撑。这个动机可能是外在动力，比如孩子上学了；也有可能是内在动力，比如你想工作了。但在讲故事时，最能打动人的，就是将你发生转变的内在动力呈现给听众。多强调内在动力，你的转变才更加合情合理，更加动人。

　　比如，你在面对面试官时，可以这样讲："是的，我当了五年家庭主妇。在当家庭主妇的这段时间里，我感受到了家庭的温暖。同时，这段时间我在家中并不是只围着丈夫和孩子转。我一直没有放弃学习本专业的知识，过去我曾经考了助理会计师资格证，在家的这段时间，我又考了中级会计师资格证和高级会计师资格证。现在孩子长大了，我想回到我梦寐以求的职场。我希望在家里发光发热的我，也能继续在职场中发光发热，创造更多价值。"

　　将外在动力转化成内在动力，就给了对方一个相信你的理由。什么是内在动力？爱、自由、归属感、意义、自我实现等，这些马斯洛理论金字塔顶层的需求都可以被称为内在动力。比如，我辞职创业的内在动力是对生命意义的探索——我想知道自己是否能够超越自己，是否能够跳脱自我设限。

　　在讲"我的改变"故事时，多讲内在动力的改变。一旦你为自己的转变注入了一个"内核"，这个故事产生的力量将是巨大的。

4.3.2　管理者讲三个故事，胜过百万雄师

只会讲故事的管理者可能不是好的管理者，但不会讲故事的管理者一定不是好的管理者。优秀的管理者都是善于讲故事的高手。这里的管理者泛指企业创始人、经营者及中高基层管理者。

任正非不仅是伟大的企业家和商业思想家，还是讲故事的高手。他虽然很少公开演讲，但他在华为内部的讲话以及接受媒体访谈时，都会穿插讲一些小故事。比如，管理理论往往空洞、严肃，直接讲出来听众很难理解、记忆，任正非会讲"力出一孔""深淘滩，低作堰""狮子、老鼠、大象"等生动的故事，以通俗易懂的形式讲解复杂的理论知识，使听众从这些生动而又具体的故事中得到启发。

2020年6月，任正非在华为讲述了一个"星光不问赶路人"的故事。我们一起来感受一下这个故事带来的震撼力。

克劳塞维茨在《战争论》中讲过："伟大的将军们，是在茫茫黑暗中，把自己的心拿出来点燃，用微光照亮队伍前行。"华为正处在一个伟大的时代，同时又遭遇百年闻所未闻的风暴打击。华为要像海燕一样，迎着雷电，迎着暴风雨，嘶叫着飞翔，朝着一丝亮光，朝着希望，用尽全身力量搏击、奋斗、前进……华为有信心、有决心活下来。

虽然这个故事是任正非讲给华为人的，但我听完这个故事后热泪盈眶。这个故事告诉我们，星光不问赶路人，岁月不负有心人。只要我们勇于在暗夜前行，星光总会照亮前行的路。任正非把讲故事当作给华为人"赋能"的一种独特方式。一个个生动的故事，激发着华为人，他们"利出一孔，力出一孔"，把华为推上了让竞争对手难以企及的高度。

管理者一定要学会讲故事，讲好故事，**好故事胜过百万雄师**。管理者要讲三个故事：自己的故事、品牌的故事、员工的故事。

1. 讲自己的故事

管理者要讲的第一个故事是自己的故事。如果你是企业的中高层管理者，可以讲个人成功或失败的故事，从而展现个人价值观、个人品质或态度等；如果你是企业创始人，可以讲自己创立企业的故事，比如关于初心的故事、梦想的故事等。

例如，任正非在 2017 年 1 月 22 日的达沃斯论坛上讲述了自己的创业故事。

1983 年，我从部队转业到深圳南海石油集团下属的电子分公司担任副总经理，主要做贸易。后来，我在做生意的过程中上当受骗了，200 多万元的货款收不回来，我因此被开除，背了一身的债务。家庭的重担全都落在我的肩上，我的身体查出患有严重的疾病，去找工作，跑去几家公司应聘，都没人要。

我失去了经济来源，和父母租住在十几平方米的小屋里。阳台成了厨房，生活陷入窘境。为了省钱，我的母亲通常在菜市场收档时，捡一些别人扔掉的菜叶，买便宜的死鱼来维持基本的生活。

在这种极度困难的情况下，我面临着"活下去"的紧迫问题，于是创业成了我被"逼上梁山"的选择……

在这个故事里，任正非没有过度地强调自己的创业初心、梦想，而是讲述自己创业是被"逼上梁山"的被迫选择，从而告诫想创业的人——谨慎创业。这个故事生动朴实、通俗易懂、幽默风趣、发人深省，非常有感染力，让人听了热血沸腾，不知不觉地产生了共鸣。

管理者讲自己的故事关键在于保证故事的真实性，否则一切免谈。即使故事不是自己的亲身经历，也应该是身边人的故事，在讲述时一定要有具体细节和感受，这样才能让故事有人情味，引起听众的共鸣。

2. 讲品牌的故事

管理者要讲的第二个故事是品牌的故事。品牌的故事是指品牌创立和发展的过程中，体现品牌精神的传奇性故事。品牌故事充当品牌和消费者之间"情感沟通"的角色，用故事的形式输出品牌精神，在消费者中形成品牌口碑，提升品牌价值。

比如，三星、海尔强调产品质量高于一切，它们通过烧次品、砸冰箱的真实故事，让消费者感受到了品牌在追求高端品质时的魄力和责任感。这种故事比单纯的辛酸史、血泪史、发展史更有意义和价值，更能凸显品牌的特质。

被称为矿泉水中的"奢侈品"的依云矿泉水，售价高于其他矿泉水数倍。同样是矿泉水，为什么依云矿泉水会受到那么多人追捧呢？

原因在于依云一直在用品牌故事向消费者输出"高端"的品牌形象，让消费者感觉自己喝水是在享受天然和纯净。

依云通过这些品牌故事，抢占消费者心智，让消费者认为喝依云矿泉水已经成为一种生活方式，消费者或许并不在乎自己喝的依云矿泉水是否源自阿尔卑斯山，他们买的是品牌背后的传奇故事。

品牌故事不能仅出现在品牌手册上，而要传播出去。正如坊间关于苹果的传说，虽然是网友杜撰，却有非常明显的传播效果：

世界上有三个改变世界的苹果。第一个被夏娃吃了，开启了人类的欲望；第二个砸中牛顿，使其发现了万有引力；第三个被乔布斯咬了一口，出现风靡世界的苹果系列产品。

这种极具穿透力和传播力的品牌故事，为什么很多企业花巨资邀请品牌咨询公司都难以创造？这说明并不是所有品牌故事都能流传，一个品牌故事的流传必须具备以下三个要素。

- **弄懂品牌核心价值观**。比如，褚橙品牌的核心价值观其实只有两个字——励志。

- **品牌故事要关联情结**。比如，乔布斯与好友在自家车库内成立苹果公司的故事为人传颂，经久不衰，也是因为白手起家战胜世俗偏见的情结吸引人。

- **设置好故事框架**。一句话概括极其通俗、简单的故事框架。

好的品牌故事既不是干巴巴的通稿式堆叠，也不是追逐热点的网络新词组合。要讲好品牌故事，唯有多练。

3. 讲员工的故事

管理者要讲的第三个故事是员工的故事。员工的故事包括员工的成功和失败。

优秀的员工都是从普通员工逐渐成长起来的，而普通员工成长为优秀员工，很重要的一个因素就是"激励"。任正非经常说自己不懂产品、不懂技术、不懂营销，甚至不懂管理，但是他懂激励，懂得如何最大限度地激发员工的工作积极性。激励员工最好的方式就是讲员工的故事，让员工了解相信的力量。

雷军在小米十周年的演讲中讲述了一位外籍员工的故事：

这一位是我们小米印度产线上的员工，叫艾莉雅娜。几年前她的丈夫去世了，她一个人要养活三个孩子。对她来说生活极为困难。三年前，她好不容易获得了小米印尼工厂的工作。她高兴极了，因为有了这份工作，她的三个孩子才有机会吃得饱饭、上得了学。而且有了这份工作后，她认识了新的朋友，开阔了眼界，她在村子里的地位也得到了很大的提升。我们的印尼产线上，90%都是女性。我特别自豪的是，小米的事业改变了很多人的命运。

雷军通过讲述印尼女员工的故事来说明小米公司的价值——"改变了很多人的命运"，不仅达到了激励员工的目的，还诠释了企业的价值观。

如何讲好员工的故事？我们可以运用"SCARY"法则。"SCARY"的意思是可怕的，为了加强记忆，你可以联想一句话："一用'SCARY'法则就能讲出好故事，真是太可怕了！"

"SCARY"法则有五个要素：铺垫、冲突、行动、结果、总结。每个要素单拿出来分享，可能需要很多篇幅，这里只是抛砖引玉，为大家讲员工的故事提供借鉴素材。

以上就是通过讲好故事修炼影响力的全部内容，希望你能通过讲故事成为有影响力的"大咖"。

小试牛刀

1.学习了"打工人"要讲的三个故事后，你可以试着讲以下三个故事。

·讲述一个"我很牛"的故事。

·讲述一个"我为什么……"的故事。

·讲述一个"我的改变"的故事。

2.学习了"管理者"要讲的三个故事后，你可以试着讲以下三个故事。

·讲述一个自己的故事。

·讲述一个品牌的故事。

·讲述一个员工的故事。

后 记

大方无隅，大器晚成

我在前面说过，战略是我们做事的方向和边界。"战"解决的是我们选择"做什么"的问题，它代表的是我们发展的方向，是我们未来的样子；"略"解决的是我们选择"不做什么"的问题，它代表的是我们做事的边界、底线、原则。现在，你已经读完本书，是时候做出选择了：是选择合上这本书，将其束之高阁，还是选择把"四力模型"运用到自己的工作中？

如果你不是随意地翻翻这本书或非常快速地浏览，那么你一定对书中的内容有想法，与朋友、同事就书中的某个观点产生了交流，甚至还有可能做过书中的练习题，或者开始用书中的方法解决问题。这意味着你已经开始改变自己的思维模式，开始有意或无意地提高自己的认知水平，开始做正确的事。

从现在开始，你要做点什么了。你发现自己好像不知道怎么开始行动，是什么让你不能掌控自己？是习惯。过去的陋习是你行动的障碍，你的精神、意志告诉你要行动起来，但你的身体却不想动。解决问题的方法无他，只有多花一些气力，让身体动起来。就像你要学习新的语言，开始时你完全看不懂、听不懂，一想到要学习新语言，你就头疼。可当你从认识字母、音标开始慢慢入门，你会发现你逐渐能看懂一些内容。所以，千万不要因为开始太难而放弃。

把《干出成绩：如何轻松拿结果》中的方法用于实践是一个人干出成绩的关键。正如稻盛和夫在《干法》一书中写道："允许自己妥协，选择安逸之道，那一瞬间固然很惬意，但是，这样却不可能实现自己的理想和崇高的目标，到头来必定后悔。秉持坚定的意志，一步一步、一天一天、踏踏实实努力的人，不管路程多么遥远和艰难，到时他一定能够登上人生的山顶。"

人生是一场马拉松，跑不动时再坚持一下，别停下，往前走。